人生大学名人讲堂

爱因斯坦
科学巨人的人生启示

KEXUE JUREN DE
RENSHENG QISHI

主　编：拾　月
副主编：王洪锋　卢丽艳
编　委：张　帅　车　坤　丁　辉
　　　　李　丹　贾宇墨

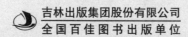

吉林出版集团股份有限公司
全国百佳图书出版单位

图书在版编目（ＣＩＰ）数据

爱因斯坦：科学巨人的人生启示 / 拾月主编. --长春：吉林出版集团股份有限公司，2016.2（2022.4重印）
（人生大学讲堂书系）
ISBN 978-7-5581-0760-3

Ⅰ.①爱… Ⅱ.①拾… Ⅲ.①爱因斯坦，A.（1879～1955）-生平事迹-青少年读物 Ⅳ.①K837.126.11-49

中国版本图书馆CIP数据核字（2016）第041411号

AIYINSITAN KEXUE JUREN DE RENSHENG QISHI

爱因斯坦·科学巨人的人生启示

主　　编	拾　月
副主编	王洪锋　卢丽艳
责任编辑	杨亚仙
装帧设计	刘美丽

出　　版	吉林出版集团股份有限公司
发　　行	吉林出版集团社科图书有限公司
地　　址	吉林省长春市南关区福祉大路5788号　邮编：130118
印　　刷	鸿鹄（唐山）印务有限公司
电　　话	0431-81629712（总编办）　0431-81629729（营销中心）
抖音号	吉林出版集团社科图书有限公司　37009026326

开　　本	710 mm×1000 mm　1 / 16
印　　张	12
字　　数	200 千字
版　　次	2016 年 3 月第 1 版
印　　次	2022 年 4 月第 2 次印刷

书　　号	ISBN 978-7-5581-0760-3
定　　价	36.00 元

如有印装质量问题，请与市场营销中心联系调换。0431-81629729

"人生大学讲堂书系" 总前言

　　昙花一现，把耀眼的美只定格在了一瞬间，无数的努力、无数的付出只为这一个宁静的夜晚；蚕蛹在无数个黑夜中默默地等待，只为了有朝一日破茧成蝶，完成生命的飞跃。人生也一样，短暂却也耀眼。

　　每一个生命的诞生，都如摊开一张崭新的图画。岁月的年轮在四季的脚步中增长，生命在一呼一吸间得到升华。随着时间的推移，我们渐渐成长，对人生有了更深刻的认识：人的一生原来一直都在不停地学习。学习说话、学习走路、学习知识、学习为人处世……"活到老，学到老"远不是说说那么简单。

　　有梦就去追，永远不会觉得累。——假若你是一棵小草，即使没有花儿的艳丽，大树的强壮，但是你却可以为大地穿上美丽的外衣。假若你是一条无名的小溪，即使没有大海的浩瀚，大江的奔腾，但是你可以汇成浩浩荡荡的江河。人生也是如此，即使你是一个不出众的人，但只要你不断学习，坚持不懈，就一定会有流光溢彩之日。邓小平曾经说过："我没有上过大学，但我一向认为，从我出生那天起，就在上着人生这所大学。它没有毕业的一天，直到去见上帝。"

　　人生在世，需要目标、追求与奋斗；需要尝尽苦辣酸甜；需要在失败后汲取经验。俗话说，"不经历风雨，怎能见彩虹"，人生注定要九转曲折，没有谁的一生是一帆风顺的。生命中每一个挫折的降临，都是命运驱使你重新开始的机会，让你有朝一日苦尽甘来。每个人都曾遭受过打击与嘲讽，但人生都会有收获时节，你最终还是会奏响生命的乐章，唱出自己最美妙的歌！

正所谓，"失败是成功之母"。在漫长的成长路途中，我们都会经历无数次磨炼。但是，我们不能气馁，不能向失败认输。那样的话，就等于抛弃了自己。我们应该一往无前，怀着必胜的信念，迎接成功那一刻的辉煌……

感悟人生，我们应该懂得面对，这样人生才不会失去勇气……

感悟人生，我们应该知道乐观，这样生活才不会失去希望……

感悟人生，我们应该学会智慧，这样在社会上才不会迷失……

本套"人生大学讲堂书系"分别从"人生大学活法讲堂""人生大学名人讲堂""人生大学榜样讲堂""人生大学知识讲堂"四个方面，以人生的真知灼见去诠释人生大学这个主题的寓意和内涵，让每个人都能够读完"人生的大学"，成为一名"人生大学"的优等生，使每个人都能够创造出生命中的辉煌，让人生之花耀眼绚丽地绽放！

作为新时代的青年人，终究要登上人生大学的顶峰，打造自己的一片蓝天，像雄鹰一样展翅翱翔！

"人生大学名人讲堂"丛书前言

　　名人是一面镜子。名人成功背后的经验是我们成长路上宝贵的精神财富，名人的失败教训会让我们在人生奋斗的历程中多几分冷静，少走几段弯路。古往今来成大器者，都十分重视吸取名人的经验教训。牛顿说："我之所以成功，是因为我站在了巨人的肩上。"现代社会竞争激烈，每个想在成长途中少走弯路、多几分成功机率的人，都没有理由不去关注名人。我们不应忘记，那些站在世界历史殿堂里发出宏音、在人类文明进程中留下足迹的英杰伟人。他们以身作则，鞠躬尽瘁，奉献自己的光和热，为人类文明的进步起到了不可忽视的作用。

　　"人生大学名人讲堂"丛书选择世界上最具代表性的10位各领域的名人，以传记故事为载体，通过生动有趣的故事，全方位地讲述其成长历程、主要成就和性格身份特征，真实地还原了一个时代伟人的形象。本丛书用生动、富于文采的语言描述了各领域名人的生平轶事、成功轨迹，行文流畅，文笔优美，引人入胜。丛书内容翔实，不仅生动地记载了每位名人的生平经历，而且客观地总结了他们的成功经验和失败教训，文字通俗易懂，融知识性、趣味性于一体，足以供今人借鉴，帮助大家做一个有所作为、有益于社会的人。

此套丛书不同于名人传记大量罗列人物所取得成就的做法，避免行文苍白、单调的缺点，无论是《乔布斯·用思想改变世界的传奇人生》《爱迪生·光明使者的精彩人生》《特蕾莎修女·在爱中永生的灿烂人生》《爱因斯坦·科学巨人的人生启示》《贝多芬·同命运抗争的坎坷人生》，还是《卡耐基·洞悉人性的人生导师》《巴菲特·天才投资家的人生感悟》《松下幸之助·经营之神的人生智慧》《原一平·推销之神的人生真谛》《比尔·盖茨·世界首富的慷慨人生》，我们都能全方位地以一个常人的角度来解读人物的一生，客观地评价人物性格，看待人物的喜怒哀乐、人生起伏，从而在他们身上得到可以在今天的现实生活中实际应用的人生智慧和处世准则，同时也吸取他们身上的教训，在阅读他人的人生故事的过程中完善自我人格。

读"人生大学名人讲堂"丛书，看世界伟人的传奇故事，收获经验和智慧。名人在未获得巨大的成功之前也只是普通的一员，踏着名人成长奋斗的印迹，能让我们真切地感悟到他们成功的经验！你可以欣赏指点江山、叱咤风云的英雄伟人；探索一生、创造无限的科技精英；文采斐然、妙笔生花的文化巨擘；叩问生命、润泽心灵的思想大哲……你可以学习投资家的高瞻远瞩、博大胸怀；商业家的韬略智谋、机会驾驭；艺术家的激情创造、灵感飞扬；宗教领袖的独特理念、献身精神；科学家的坚持真理、不懈探索……你可以发现，伟大人物的成功之路虽有千条万条，但他们却拥有共同的秘诀：远大的理想和不懈的努力，敏锐的目光和果敢的行动，顽强的意志和坚定的决心……

成功之路，从这里起步。

目录 Contents

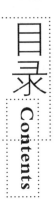

第 5 章 X+Y+Z= 成功——开拓力

第 6 章 利用生命中的每一分钟——时效力

目录 Contents

第 7 章　别人不是你的镜子——突破力

第 1 章

比知识更重要的能力——想象力

如果将人生比作一条长河，那么想象就是长河中的朵朵浪花。荒诞不经的想法、大胆的猜测、标新立异的假说，这些创造性思维的利剑,往往能劈开传统观念的枷锁,帮助你创新,成就非凡的业绩。

第一节　想象是无限的

学习的本质在于思索，从而使原来掌握的知识得以升华，使我们更加深刻地内化知识。懒于思索的大脑是寸草不生的荒漠。

无穷的想象力

关于"相对论"的发现，爱因斯坦的太太曾对查理·卓别林讲述过，后来卓别林把这事记在他的自传里：

博士像往常那样穿着睡袍下楼吃早餐，可是那一天却什么也没吃。这太不寻常了，一定有什么问题发生。所以太太就问他，究竟发生了什么事让博士魂不守舍的？

爱因斯坦看了看太太，突然间好像想起了什么似的，说道："亲爱的，我有了一个巧妙的想法。"

他迅速喝完咖啡，快步走到钢琴前开始弹奏起来。几次停下来在纸上记录一些东西，然后重复地说："我有了一个巧妙的想法，非常美妙的想法。"他说，"这是很困难的，我仍需要继续工作。"他继续演奏钢琴，并且写下一些东西。就这样过了半小时的时间，他拿着那些记录其妙思的纸张走上楼去他的研究室，并且告诉太太不要打扰他。

在那之后，爱因斯坦就一直留在研究室里长达两星期，忙着工作，甚至每天吃饭都是太太把食物端上楼，为了维持充沛的精力，每天傍晚他就散一会儿步当作运动，然后回来继续他的工作。

在经过了两个星期夜以继日的工作后，爱因斯坦终于走下楼来，他的脸色显得苍白，但眼神里却透着满足和惊喜："这里就是我的发现。"他把两张纸放在桌上，这就是他的"相对论"。

爱因斯坦曾说过："在我审视我自己和我的思考方式时，我的结论是——在吸收有益的知识方面，奇思玄想的天赋对我而言比我的才能更重要。其实，我没有什么特别的才能，只不过是喜欢在追求答案的时候刨根问底罢了。我认为只有大胆地臆测，才能引领我们往前迈进。"

想象是人的一种思维活动，人的大脑皮层由 150 亿个神经细胞组成，这些细胞又分成若干部分，各尽其职。心理学家认为，大脑有四个功能部位，即接收外部世界信息的"感受区"；将这些感觉信息收集、整理起来的"储存记忆区"；评价所获得的信息的"判断区"；按新的方式把旧信息和新信息结合起来的"想象区"。人的思维能力也因此相应地分成感受力、记忆力、判断力和想象力四种。所谓想象，就是由保存在记忆中的表象出发，把这些表象进行加工、改造，使其产生新思想、新方案、新办法，从而创造出新形象的思维过程。

比如，古生物学家根据一具古生物化石，就能想象去推测出古生物的原有形态；建筑工程师看到设计图纸，就能想象出一座高楼大厦应有的样式；侦察人员听到犯罪现场目击者提供的某些线索，就能想象出罪犯的身高、体重和模样……

19 世纪，物理学家都知道，一个原子内既包含带正电的粒子，也包含带负电的粒子，但是他们对这两种粒子在原子内部究竟保持着什么关系，却始终弄不清楚。这毕竟不是能够靠逻辑推理演绎出来的，必须依托实验来证明，可当时的条件无法达到试验的标准。

但是这些困难并没有阻止物理学家研究的热情，从 19 世纪末到 20 世纪初，有很多物理学家都曾有过各种各样的想象，并将这些想象物化为直观的"模型"。经过比较，大家一致认为，英国物理学家汤姆森提出的"葡萄干面包模型"和出生于新西兰的英国物理学家卢瑟福提出的"太阳系模型"较为合理。

汤姆森是这样想象并设计模型的：带负电的粒子像葡萄干一样，镶嵌在由带正电的粒子所构成的像面包一样的没有空隙的球状实体里。

卢瑟福想象的则是：带负电的电子像太阳系的行星那样，围绕着占原子质量绝大部分的带正电的原子核旋转。

这两个模型的重要区别就是原子内部究竟有无空隙，卢瑟福的模型标出原子内部有空隙，在若干年之后，通过实验证明，他的判断是正确的。

实际上，这两位物理学家和别人一样，并不真正清楚正、负电粒子是以一种什么关系构成原子的，但是，他们通过自己掌握的知识、积累的经验，作出关于它们之间关系的具体想象，并且通过自己的想象填补和充实了对原子内部结构认识的不足和缺陷。

这种想象过程的进行和所起的作用，就是将人们认识事物的"链条"上所存在的"缺环"进行了充填和补充，使之完整地连为一体。充填模型离不开想象。模型作为原型的替代物，只有在头脑中运用想象对其残缺的部分进行填补，才能"完整"、"形象"和"逼真"。所以，想象力在科学钻研之中有着非常重要的作用，正是这种想象让很多"不可能"变成了现实中的可能。

想象力的作用

随着人们思考问题的逐渐深入和涉及问题领域的日趋扩大，固有的思维方式也应该发生变化。

比如，在某些未知事物的探索和研究过程中，如果不能依靠简单的逻辑推理去解决，常规实验更是无从做起，那么到了这时，我们就要以想象、创新思维为突破口，使我们的认识有一个质的飞跃和长足的发展。

17 世纪，意大利著名物理学家伽利略从关于力学的科学实验中发现了一个很有趣的现象：当小球从第一个斜面滚下而又滚上第二个斜面的时候，它在第二个斜面上达到的高度，略低于它在第一个斜面向下滚动时的高度。伽利略又选择了不同高度的斜面，发现这并非是一个特例，于是他就开始了思考，为什么会造成这个高度差呢？

根据实验中得到的事实和头脑中的力学知识，伽利略判断，这是由于小球与斜面之间的摩擦力造成的。于是伽利略又进一步设想：如果完全排除了摩擦力，小球受到的阻力为零，那么小球的运动情况又将怎样呢？

在当时，伽利略所想到的这个实验并不容易完成，因为在当时的条件下，实验室很难做到真正消除掉小球与斜面的摩擦力。这个时候，想象力就帮了伽利略一个大忙，通过想象，他认为：小球无限光滑，斜面也无限光滑，小球在斜面上滚动的时候就不存在阻力。这样，小球从滚上第二个斜面所达到的高度，和它从第一个斜面滚下时候的高度相同，而且不管两个斜面的倾斜度是否有差别，情况都一样。

接下来他又想象另一种情况：如果第二个斜面没有倾斜度，也就是成了一个平面，那么，小球从第一个斜面滚下来之后，它将沿着无限长的平面以恒定的速度一直运动下去，出现"动者恒动"现象。

伽利略的这个想象被公认为是合理的，同时经过深入研究后，最终建立了物理学上的运动第一定律。

想象不仅能够成为辅佐人类科学研究事业进步的工具，还有助于化可望为现实。渴望是朦胧的想法，但却能够激发出我们的潜力。化朦胧的渴望为明确的现实目标，那时你会投入全部精力，努力去完成它们。

想象是一种创造力，它的对象是宇宙万物。只要充分发挥想象力就能找到超越障碍的方法，找到走向成功的途径。爱因斯坦通过想象找到"相对论"，伽利略通过想象得到了"运动第一定律"。或许我们并没有办法像爱因斯坦和伽利略那样，通过合理想象创造出如此傲人的成果，但是想象力对普通人同样重要，我们来看一个小实例：

比尔 22 岁时还在南加利佛尼亚大学的在名会计专业就读，可是在两个学期之后，比尔认识到自己的理想并不是成为会计而想做一名企业家。于是，他想到南加利佛尼亚大学商业学院的企业家专业学习。然而，要想换专业却并非是一件易事。比尔提交了转专业申请之后，办公室主任就通知比尔说："你以前在学校的平均成绩并不算优秀，而且现在这个专业也没有空余的位置。"

尽管比尔很想就读于商业学院，可是商学院的制度却将他拒之门外。摆在他面前的只有两条路，要么放弃，要么就创造性地找到其他途径来实现自己的梦想。比尔选择了后者。比尔想，假如自己通过冲刺选修所有企业家专业的课程，即使自己不是注册的学生，也可以参加他们的授课，包括参加每门课程的第一堂课。这样一来，如果真的有学生放弃这个专业的学习，自己就可以抓住机会填补这个空缺，如果没有学生放弃，虽然自己没办法拥有一张真正的文凭，但是相关的知识他已经掌握了。这是非常冒险的一个行为，毕竟文凭是社会上的一块重要的敲门砖。

在之后的两年时间里，比尔学习了企业家专业涉猎的全部课程并拿到了优秀成绩。这时候他突然有了一个想法，就是带着自己的成绩去见当初拒绝他的办公室主任，或许自己能够凭借优异的成绩获得这个专业的学位证书，这是再好不过的事情了。到了最后一个学期，比尔去见办公室主任，出示了他的成绩册，并解释了自己如何做到的这一切。

比尔问他："虽然我没有被正式接受，但我是否可以毕业于这个专业。"

主任感到非常吃惊，同时也很感动，他说："在我看来，你将来一定是个非常优秀的企业家，我已经被你深深地震撼了，如今我无话可说，也找不出任何理由来拒绝你的申请。"

那年春天，比尔从南加利弗尼亚大学企业家专业毕业了，并得到了学位证书。

当然，比尔并非是通过想象来获取了学位证书，他付出了很多精力去钻研，但正是想象给了他无穷的动力，让他更坚定自己的目标和信心。

想象不仅能帮助人们去除事物的次要方面，从而抓住事物的重要本质特征，还能在大脑中把这些特征组合成整体形象。有很多时候，知识的创新必须依托卓越的想象力，甚至可以说，与计算机相比，想象力是人类大脑的优势，因为电脑智能只能按照某种指令去执行，却没有办法代替大脑完成想象力、创造力的工作。当在逻辑中难以推断出新知识、新发明的时候，想象力往往能以超常规形式为我们提供全新的思路，或者是有益的线索，为我们开拓出全新的思维天地。

正如法国著名作家雨果所说："没有一种心理机能比想象更能深化自我，更能深入对象。科学到了最后的阶段，就遇到想象。在回锥曲线中、在对数中、在概率计算中、在微积分计算中、在声波的计算中、在运用于几何学的代数中，想象都是计算的系数，于是数学也成了诗。"

第二节　带着想象的翅膀去翱翔

爱因斯坦说："想象力比知识更重要。因为知识是有限的，而想象力包括世界的一切，推动着世界进步，并且是知识进化的源泉。"

坚持你的想象

如果没有想象力，我们很难设想，在成功的道路上，一个人要付出多大的艰辛，无论这个人才思多么敏锐，他都很难取得成功。因为想象力正是思想的润滑油，是我们前进的动力。

想象作为形象思维的基本方法之一，不仅能在脑海中构想出未曾知晓过的形象，而且还能创造出未曾存在的事物形象，所以，想象力是任何创新活动都不可缺乏的基本要求。没有它，一般思维就难以升华为创新思维，也就不可能做到创新。

当其他同龄孩子们在电话里叽叽喳喳地笑谈着她们最近遇到的一些新鲜事时，12岁的女孩劳拉·贝丝·摩尔正在与市长通话，讨论如何改变本市的城市面貌问题；当其他女孩正在逛街Shopping时，劳拉正在游说她的邻居们寻求支持；在暑假里，当同学们去看电影或约会时，劳拉正待在家里打电话，为那个曾经被人们认为是不切实际、不可能实现的梦想寻求更多的支持。

那么，究竟是什么东西如此吸引劳拉，让她将长达几个月的空暇时间和假期都用在了工作上，而不是去玩呢？是什么激起了她的巨大热情呢？是垃圾，是那些令人讨厌又必须回收的垃圾。

　　她的转变是因为一次无意中观看了地球日的展览。在那之后，劳拉突然意识到在她居住的城市——休斯敦里，居然没有任何垃圾回收系统，她决定要通过自己的努力改变这种现状。她想，要想使美丽的家园不受到破坏，必须回收垃圾。劳拉的这个愿望十分迫切，她甚至都在想象一座拥有了垃圾回收的城市其风景该是如何清丽，市民们的生活该会变得多么美好。

　　然而，现实却是残酷的，劳拉的尝试一直四处碰壁。市政厅根本不给她回电话，接电话的工作人员告诉她，让一位成年人帮她打来电话，其实言外之意就是劳拉还是个未成年的孩子，工作人员根本不把她的想法放在心上。后来，通过无数次的电话沟通，劳拉终于找到了一个愿意听她讲垃圾回收的工作人员，但那人根本不关心这件事。再后来，她就写信给市长，询问他是否能为本市提供垃圾回收系统，不过可想而知，这些寄出去的信却如石沉大海一般。半年后，劳拉听说休斯敦附近的其他地区正在进行垃圾回收的试验，她仿佛又看到了希望，于是便准备了一封有数百人签名的请愿书寄给市政厅，可是市政府回复说不可能，原因是市长认为在全市范围内进行垃圾回收的花费根本不合算。

　　"市长根本不在乎我的想法，"劳拉有些伤心地说，"他把我看成是个孩子。"

　　但是劳拉并不打算放弃，她认为只要坚持做下去，就没有做不成的事情。"做任何事都没那么容易，"劳拉说，"我必须努力去争取，即使我的想法得不到任何人的支持，我都相信我能改变这一切。"

　　为了改变这个僵局，劳拉决定改变自己的策略，她想，如果政府部门不提供帮助，或许私人企业会对她的想法感兴趣。于是，她开始给一些大的回收公司打电话，希望他们能给予帮助，但这些公司也没有把这个 12 岁孩子所说的话放在心上。

　　劳拉的妈妈一直在旁边关注着她的一举一动，起初母亲并没有阻止她，但是看着女儿坚持了几个月之后仍然无果，母亲就劝说她，"咀嚼了痛苦和艰辛后，你会吸取教训的"。话虽如此，事实上她的妈妈也在一直鼓励她，哪怕是这件事情最终没有如劳拉所愿，至少她通过这件事情学到了一个12岁的孩子究竟能做什么事，能学到什么东西。

劳拉丝毫没有气馁，更没有动摇自己的信念。面对每一次拒绝，她都在心里告诉自己："这只是我前进途中的一步，打一次电话，少一个支持的人，但我要做的就是一直找下去，直到找到愿意帮助我的人，而且，我一定能够找到这样一个愿意帮助我的人。"

后来，劳拉又想了另外一个办法。她决定在自己所在的地区，凭借着自己和志愿者的力量建立一套垃圾回收系统。整个暑假，她都在找有关的信息、可以提供支持的公司和机构，希望通过这个计划吸引资金。于是她开始制定有效的计划，并且带着这个计划去找了附近一家组织，这个组织看过计划书之后，认可了她，并且同意向她提供资金支持。

事情发展到这一步，终于有了一个新的开始，可是摆在她面前的还有一个麻烦，就是劳拉需要一个能让居民放置垃圾的公共地方，她认为当地学校是一个非常理想的场所。可是怎么才能让当地学校同意她的想法呢？她又想到了这个计划最开始的方法——打电话。是的，劳拉又回到最初利用所有空闲时间给当地学校打电话的时间。开始校长不愿意接她的电话，认为一个小孩子的话并不当真，但劳拉坚持不懈地给他打电话。几个月后，校长看到这个小姑娘如此有毅力，并且也有一些大人的支持，就决定和劳拉合作。

劳拉解释说："即使没有得到别人的帮助，我还会继续坚持下去。无论花多长时间，我都要让梦想变成现实。"

在1991年的春天，劳拉的垃圾回收系统正式运行了。在运营当天，就有数百名居民将可回收垃圾交到了回收站，几名志愿者开着拖车将垃圾运往回收工厂。3个月后，回收垃圾系统看来非常成功了，但是随着时间的推移，一些志愿者的热情开始减退，并随之退出活动。劳拉只能另想办法，她用自己每月20元的津贴租用了一辆卡车，并且重新吸收了一名志愿者，开车将纸、铝、玻璃和塑料运往回收公司。

就这样过了两年，卡车每个月至少要跑一趟回收公司，这个系统早已经实现了自给自足。仅仅在一个周末，这辆垃圾回收站就能够将17吨垃圾原料运往回收公司，再加工成为有用的产品。而在这之前，这些垃圾只能埋在地下，渐渐腐烂。

回收系统建立运行的几年之后，休斯敦的新市长上任，他看到了这种系统的实用性和有效性，决定将这种系统推广到本市的其他地区。当市长要求一些官员写出一个计划时，这些"聪明"的官员将这个任务交给了劳拉。

可以说，这件事情原本和年仅12岁的劳拉没有任何关系，但是却成为劳拉心中的梦想，经过她的努力，甚至引起市政府的重视。当劳拉在心中无数次幻想，如果休斯敦能够拥有一套完整的属于他们市民的垃圾回收体系，那么改变的不仅仅是这座城市本身，还有垃圾回收再利用的价值，而这一切的改变都源自劳拉的梦想和坚持。所以，如果能够坚持你的想象，那么终有一天，它就会成为你的事业，也足以改变你的一生。

想象，有时候改变的不仅仅是一个人的一生、一个城市的环境，更有可能造福整个人类。古往今来，有太多科学研究、医学探索都是从一个想象开始，以此可见"想象"的重要性。

没有想象就没有创新

在过去，医生诊断病人是否患上贲门癌，主要是依靠听诊器。他们会让病人吞水，然后用听诊器听食道下部的贲门处发出的声音，然后根据这个声音是否正常来判断食道有无癌变。可是，这种诊断方法有一个非常大的隐患——对声音的辨别是非常主观的，不同的医生往往由于听觉和分辨能力的差异而做出不同的判断，严重的还会造成误诊，给患者带来更加严重的痛苦。

为了提高诊断的准确性，山东医学院的两位医生向山东大学电子系求助，希望他们能够研制出一种能将病人吞水的声音信号图形化的仪器。如果这个想法能够成形，那么将是医学上一次重大突破，不仅能够解决这个医学难题，同时也能使患者减少痛苦。

于是，山东大学的几位科研人员接受这个重要任务，立刻展开研究。为了将实现这个目标，他们将研究任务分解成录音、声音转换和热笔描图三个功能组块。录音有现成的磁记录技术可以采用，声音转换和热笔描图也都有现成的技术可以借鉴。

然后，他们通过想象，采用磁记录技术，利用快录慢放的方法，将1000赫音频变为100赫，再通过声电转换装置，将吞水声音信号变为电信号，最后用心图仪上的热笔描绘出音图。就这样，他们经过日日夜夜的辛勤研究、实验，将磁记录、声电转换、热笔描记等已有技术加以重新组合、配装，最终发明了"吞水音图描记仪"。

这项发明不仅获得了国家的新型发明专利，而且在第14届日内瓦国际发明博览会上捧回了金奖。

"吞水音图描记仪"就是非常典型的通过想象完成目标的案例。有很多时候，我们常常会接到一些指定的任务。换句话说，就是依靠自己的想象力，来寻找到完成目标的方法。将我们掌握的知识，通过重新的排列组合，从而完成目标。在这个过程中，想象成为非常重要的一个环节，正是因为这些在脑海中不断出现的想象，才让目标更为清晰、明确，也让实现目标的可执行性方案变得更为合理。

著名的原子核物理学家卢瑟福曾说过："出色的科学家总是善于想象的。"爱因斯坦也把想象力当作一种可贵的、不可替代的才能。爱迪生、瓦特等大发明家，他们自身的学历并不高，却做出了许多发明的根本原因就是他们从小拥有惊人的想象力。关于想象的创新作用，我们可以从以下两个方面理解：

一方面，想象能帮助创新者思考问题。在创新开始之前，创新者首先都要设想这项创新活动的条件、步骤、可能发生的问题和预想达到的结果等，这些事先的设想离不开想象。

美国发明家斯坦·梅森发明了能使食物处于最佳受热烹饪位置的炊具。要制造这种炊具，首先就必须要找到微波炉内各处受热的温度。这个很难测量，毕竟发明家也不能把温度计放进去。为了解决这个难题，梅森展开了想象，他想，既然不能靠温度计来测量温度，那么可不可以依靠食物的变化来测量呢？这时候，一种零食成为他测量温度的法宝，那就是爆米花。

他将一层层放有玉米粒的隔板放进微波炉，然后观察哪些地方的玉米粒先爆成玉米花。通过反复试验，他终于发现了微波炉内的"热点分布模式"：微波炉内的热点既不在入口，也不在中央，而是呈一种蘑菇云状。根据这一点，梅森发明了适合这种模式的烹饪盘。

无独有偶，想象同样分布在生活中的日常点滴里。

有一位教授在洗完澡后，拔下浴缸的活塞放水。无意中他发现水流在排水口处形成了一个漩涡，并且旋转方向是顺时针的。这件不起眼的小事激发了他的好奇心，他想，为什么会是顺时针旋转，而不是逆时针呢？这个旋转的方向是固定的，还是偶然的呢？于是，他又在其他器具上反复实验，并且观察河流中的漩涡，结果发现它们都是顺时针旋转的。教授开始联想，究竟是什么神奇的力量让所有的水流的漩涡都呈顺时针旋转，后来他终于想到，这种现象大概与地球自转的方向有关。后来他通过在各个不同经度纬度的实验得出了结论——在南半球国家，孔道水流的漩涡是右旋的；而赤道地区的孔道水流并不形成漩涡。这一发现，在研究台风等方面具有实用价值。

正如科学家在洗澡后的发现一般，生活中一些不起眼的小事往往蕴藏着大规律。也有许多科学上的重大发明都是由一些"司空见惯"的小事触发的。

另一方面，想象也是通向创新的桥梁。一般来说，人们对客观事物的认识往往需要一个发展过程，当人们所掌握的资料不够完备的时候，只有通过合理的想象，提出猜测性的假说，才能进一步探索客观事物的本质。著名物理学家普朗克曾经这样说："每一种假说都是想象力发挥作用的产物。""假说"是为探索事物的规律预先在头脑中作出的假定性解释，是以现有的材料和认识为基础的大胆的假设，一旦被证实，那么，这就是一个科学的创新。

在创新过程中，想象的一个重要作用就是促成假说，创新者可以根据想象做出的假说来确定方向，进行有目的、有计划的探索。如果没有想象，那么在条件有限的情况下，任何创新性思维都会变得干涸，所以说想象和创新是相辅相成的。

19世纪著名的化学家范特霍夫，曾经对"想象"这种特殊创造力做过一次调查研究，他发现在很多科学家之中，最杰出的人往往都具有想象力。范特霍夫在担任阿姆斯特丹大学化学教授后首次授课的时候，就强调在自然科学研究中想象与观察同样重要。对于科学家来说，创造性想象同文学家一样重要，甚至更加重要。无独有偶，德国著名的数学家希尔伯特在谈到一个学生的时候，曾作过非常有趣而精辟的说明："他现在已经去当诗人了，因为对于数学来说，他太缺乏想象力。"现代英国数学家布罗诺夫斯基也在题为《想象的天地》的演讲中指出："所有伟大的科学家都自由地运用他们的想象，并且听凭想象得出一些狂妄的结论，而不叫喊'停止前进'。"

缺乏想象力的人往往只看到视野范围之内的事物，而对身体感官所能触及的范围以外的时空和事物，在理解上有难以超越的障碍。缺乏想象力会导致对自然界、对科学本质的理解非常狭隘，很难摆脱现实的禁锢，也难以有所成就。所以，想象是创新的先导，是智慧的翅膀。想象力是人类特有的天赋，是一切创新活动最伟大的源泉，也是人类进步的主要动力。

第三节 思维定式只会束缚想象力

所谓思维定式效应，是指人们因为局限于既有的信息或认识的现象，被老眼光束缚了自己。显然，这种情况是十分可怕的。

思维定式是发挥潜力的绊脚石

联合国一位委员曾经非常严肃地问安南成功的秘诀，安南笑了笑，并没有直接回答，而是回忆起在他年少时期的一件往事：

那是在安南 17 岁时，老师给安南和他的同学们上了一堂课，当时老师的手里拿着一张画有一个黑点的白纸问学生们："孩子们，你们看到了什么？"

学生们齐声回答："一个黑点！"

老师指着白纸中间的黑点说道："难道你们谁都没看到白纸吗？在今后的生活中，我们可不要这样啊！"

其实，同学们为什么都不约而同地回答黑点呢？这就是因为受到了思维定式的限制：一张大白纸谁能看不到呢？所以同学就一致认为，老师肯定问的是白纸上的黑点。

安南的老师语重心长的启发本意是教育学生看问题要全面，不能只局限于某一点，但更重要的是教给学生看问题和处理事物的方法，那就是要打破思维定式。后来，安南能够成为国际政坛上的风云人物，与他运用老师教的这种打破思维定式的方法有一定关系。

人的思维定式总是在不经意间干扰人的创造性，甚至会成为人们发挥潜力的绊脚石。美国心理学家邓克尔通过研究发现，人们的心理活动常常会受到一种所谓"心理固着效果"的束缚。何为"心理固着效果"呢？就是指我们的大脑在筛选信息、分析问题、作出决策的时候，总是会自觉地沿着以前所熟悉的方向和轨迹进行思考，而不善于另辟新路。这种熟悉的方向和路径就是"思维的定式"。

爱因斯坦智力十分超群，人们对其智力很感兴趣，经常有人出题考他：

"您记得声音的速度是多少吗？"

"您是把所有东西都记在笔记本上并且随身携带吗？"

……

对于类似的问题，爱因斯坦非常坦诚地回答："我从来不携带笔记本，只有这样才能让自己的头脑放松，把全部精力集中到我所要研究的问题上。至于你问的声音的速度是多少，我必须要查一下资料才能告诉你，因为我的大脑里从来不刻意去记住能在资料上能查得到的东西。我在上学时，就非常讨厌死记硬背。其实这些东西，在书本上很容易就能翻到，根本用不着上什么大学，人们解决问题依靠的是大脑的思维能力和智慧，而不是照搬书本。"

　　人一旦陷入思维的定式，他的潜能便被抹杀，离创新之路也就越来越远了。下面这个小实验也许可以说明这一点：

　　有一只长方形的容器，里面装了 5 千克的水。用最简单的办法，让容器里的水去掉一半，只剩下 2.5 千克的水。

　　有人说，把水冻成冰，切去一半；还有人说，用另一容器量出一半。但是最简便的方法，是把容器倾斜成一定的角度。这就相当于将一块长方形木块，从对角线锯成两块。如果是固体，人们很自然会从这方面去想；但是如果是液体，就要靠思维去分析。

　　思维方式一旦形成，就很难改变。人们常常有自以为是的通病，在大多数情况下，我们总认为自己是英明、正确的，不愿意甚至根本想不到去反省自己，也不知道如何去改变自己的思维。积习难改，即使想改也很困难。因为思维是虚幻的，它看不见、摸不着，没有任何让我们的感觉器官去把握的特征，正是因为我们无法准确地感受到它，所以就难以确定它的好坏与对错。如果没有别人的指导和自身深入的反思，很少有人能够察觉到自己在思维上存在的问题。

不能让思维定式主宰我们

　　心理学家研究表明，存在思维定式的人，时间一长，就会产生内心烦躁、身心疲惫、精神沮丧的负面情绪。比如，现在使用电脑的人越来越多，但是这种方便快捷的电子产品在给我们带来便利的同时，也让人与人之间的沟通产生了不便之处。因为电脑操作大多是采用会话形式，只要对电脑下达指令后，电脑便会言听计从。所以，习惯了与电脑交流的人往往在人际沟通方面会存在些许的问题，他们很难体谅朋友，对于自己的观点要么执意坚持，要么全盘放弃，以至于被老眼光束缚了自己，交友时经常碰壁，最终对社交失去信心。

美国科普作家阿西莫夫在年轻的时候，曾遇到一位汽车修理工。修理工知道眼前的这位就是著名的科普作家，于是就向他出了一道题，题目是这样的：

"有一位既聋又哑的人，想买几根钉子。他来到五金商店之后，因为没法开口说话，只好对着售货员做手势：他举起左手两个指头立在柜台上，右手便做出拳头敲击的样子。售货员看了看，点了点头表示自己明白了，就给他拿来一把锤子。聋哑人摇了摇头，指了指立着的那两根指头。售货员明白了，原来聋哑人想买的是钉子。这位聋哑人买好钉子之后，就走出了商店。在他离开之后不久，又进来一位盲人，他想买一把剪刀，请问：盲人将会怎样做？"

阿西莫夫顺口就答道："盲人肯定会做出这样的手势。"说完，他伸出食指和中指，做出剪刀的形状。

汽车修理工听完就哈哈大笑："你答错了吧！盲人想买剪刀，只需要开口说'我买剪刀'就行了，没有必要做手势。"

聪明的作家这时不得不承认自己是个"傻瓜"，他同样陷入了思维定式的泥潭。

事实证明，并不是因为知识丰富的人就反而会变笨，而是因为当我们掌握的知识和经验越多，就越有可能会在头脑中形成较多的思维定式。这种思维定式往往会束缚我们的想法，使思维按照固有的路径发展。

美国心理学家迈克做过这样一个实验：他从天花板上悬下两根绳子，两根绳子之间的距离超过人的两臂长。如果你用一只手抓住一根绳子，那么另一只手无论如何也抓不到另外一根。在这种情况下，他要求一个人把两根绳子系在一起。不过他在离绳子不远的地方放了一个滑轮，意思是想给系绳的人可以通过这个滑轮达到要求。做好了这些准备之后，他找来了几个人来实验，但是，尽管参与实验的人早就看到了这个滑轮，却没有想到它的用处，更没有想到滑轮会与系绳活动有关，结果没有完成任务。

实际上，想要把两根绳子系到一起，这个问题并不难解决。如果系绳的人将滑轮系到一根绳子的末端，这样一来绳子就具有了一定的重力，我们再让它荡起来，然后抓住另一根绳子的末端，等到滑轮荡到他面前的时候抓住它，就能将两根绳子系到一起，问题自然而然就解决了。那么为什么几个实验者都不约而同地忽视了滑轮的作用呢？并非是他们没有注意到，而是人们被自己大脑内部的思维定式所困，导致如此简单的问题都没有解决。

1930 年，心理学家迈尔研究定势在解决问题中的作用，他认为，定势有时能帮助我们解决问题，有时也会妨碍问题的解决。我们来看这样一则案例：

小艾与大明从小一起长大，称得上是青梅竹马，两人感情非常好，顺理成章地就结了婚。可是在结婚之后的第三年，家里发生了非常大的矛盾——孩子。大明一直很想要个小孩，可是小艾是铁了心要做"丁克"，一次一次地用"有了小孩好吃的就都被他吃去了"的荒唐理由拒绝大明。

夫妻俩青梅竹马、关系和睦、相敬如宾，感情一直都非常好，所以谁都不想强迫对方做不愿意的事情。可是，生孩子毕竟是大事，甚至可以说是关系到两个家庭，也不能完全任由小艾说丁克就丁克。于是，两人决定用一种传说而有效的博弈方式——抓阄。

他们约好，请双方家里的老人来作证，只许一次，这次抓阄结果双方都要严格执行。然而小艾心里非常清楚，老人哪一个不想抱孙子呢？为了劝服自己放弃做丁克的打算，他们一定是做足了功课。那天，小两口开始抓阄，老人们拿出两张纸团，说上面分别写着"要小孩"和"不要小孩"，既然请了老人来当见证人，那就必须做到愿赌服输。大明和小艾连忙点头应允。到了抓阄的时候，小艾立刻说自己先来，她抓起一个纸团，并没有看，直接点了打火机烧了。对她的这个举动老人和大明都很诧异。小艾说："大明，剩下的那个纸条是你的，你看看，如果是'要小孩'的纸团，那我烧掉的这个就是'不要小孩'的，我们要愿赌服输。"就这样，这场赌局以小艾的胜利告终。

其实，小艾的这个方法在很多地方都看到过，甚至还有历史演义故事中记载包青天用同样的方法解决了民事纠纷。其实这个方法非常简单，就是突破了别人的思维定式，一般来说抓阄都是急急忙忙地去看自己的结果，但反其道而行，就是通过别人的结果来猜测自己的，小艾就是运用了这个方式达到了自己的目的。

对每个个体来讲，思维会存在自成系统的特性。所以，人很难察觉到自己在思维方面的缺陷、错误。就比如说，一个天生的聋人，如果没有人告诉他还有声音，那么他就会认为世界本来就是无声的；一个天生的盲人，如果没有人告诉他还有颜色，那么他就会认为世界本来就是黑色的。所以，对于那些有明显缺陷的人，他们的思维也是自成系统的，如果没有别人告诉他，他们就不可能认识到自己的缺陷。

而对于我们这些没有明显缺陷的正常人来说，思维的这种自成系统的特性使得我们更难去发现自己在思维方面的问题。那该如何解决这个问题呢？答案是只能"依靠"别人。在这个社会上，我们并不是孤立存在的个体，可以通过人与人之间的沟通来认识自己。所以我们必须互相交流，互相学习，互相指导，通过和别人的比较，以及别人提出的意见、建议来全面认识自己的思维，特别是要认识到自己思维中的缺点与不足，以便改正缺点，弥补不足。

首先，我们不能让思维定式主宰我们。在进行思维活动之前，就应该在头脑里先给自己提个醒，要注意原有的思维定式。把原有的思维先压下去，进行新的思考。

其次，我们要经常做些特别的事情，或者是不同寻常的事，或者是制造一些奇异的东西，这样可以让自己获得不同的新的感受，得到新事物的刺激、新思想的启发。

最后，善于变化可以帮助我们摆脱思维定式。我们要从多个角度、不同方面来思考问题，让原来的那旧想法发生变化，衍生出新的想法，得到一种新的思维。

第四节　用联想构建成功的捷径

从一件事联想到另一件事，从一种方法联想到另一种方法，这是学习、生活的一种不可或缺的思维方法。它会使你的思路更为开阔，使你更加有效地解决学习和生活中遇到的问题。

培养我们自身的联想能力

爱因斯坦是一个极富想象力的人，并且能够从自己的想象力中获取新的灵感。有一次，他一不小心从梯子上摔了下来，如果是一般人不小心摔到地上，第一个想法肯定是疼，或者是在心里暗想为什么自己会这么倒霉。但爱因斯坦不是这样想的，他想到的是：人为什么会笔直地掉下来，而不是形成抛物线呢？正是凭借着自己超出常人的联想能力，爱因斯坦才能成为一位伟大的物理学家。

在现实生活中，你是不是也像爱因斯坦一样拥有想象力呢？是否经常在看到一件东西时，就会想到另一件东西？例如，当别人说出"速度"这个词汇的时候，你的脑海中会闪现出呼啸而过的飞机、奔驰的列车、自由下落的重物吗？随后还会联想到"战争""爆炸""粉碎"等一系列其他形象或事物吗？

　　以前，有个皮革商很喜欢钓鱼，他常常到离家不远的纽芬兰海岸去，那里有世界著名的纽芬兰渔场，鱼类资源非常丰富，他在那里可以非常愉快地钓鱼。有一年冬天，下了一夜的大雪，然而这种恶劣的天气也不能阻止他来到纽芬兰海岸。

　　那天天气很冷，凛冽的风刮在脸上像刀割一样，皮革商费了很大的力气才在结冰的海上凿开个洞，然后他就坐在洞旁边，点上一支烟，架起鱼竿开始钓鱼。就在钓鱼的时候他开始想，鱼在新鲜的时候，肉质非常鲜美，可是却没办法保存很久。有什么方法能够让鱼肉保持鲜美呢？然后他就想到，冬天渔民都会大量捕捞，到了夏天他们就减少捕捞量。想到这里，他就明白了，冷冻能够让鱼肉保持时间延长……于是，他连忙收起鱼竿。

　　回到家之后，皮革商就开始他的"冷冻保鲜"试验。他发现牛肉和蔬菜冻得结了冰，也能够保鲜，而且几乎所有的食品经过冷冻后，它的味道和保鲜度都与冷冻的速度和方法有关。精明而善于思考的皮革商打算研制一台能使食物快速冷冻的机器。

　　经过多次的试验、分析和总结，皮革商终于找到了规律，成功地掌握了这种技术。疲惫不堪的他没有一点犹豫，立刻为他的食品冷冻法向国家专利局申请了专利权。紧接着，他就向外界宣布，他将出售这一技术。

　　很多厂家都非常看好这个技术，毕竟这是一种具有极大潜力和发展前途的新技术，所以很快，全国各大公司纷至沓来购买专利。但是皮革商并没有轻易出手，这项专利的发展前景越好，公司出价就越来越高，甚至是高得离谱。皮革商把握时机，最终以3000万美元的高价卖给了美国通用食品公司。

　　许多成功案例表明，成功人士之所以成功，是因为他们往往能抓住

生活中的偶发事件，继而在脑海之中产生丰富的联想，用以构筑艺术作品或进行科学技术发明。比如说，托尔斯泰的《安娜·卡列尼娜》的创作灵感就来源于一个女子卧轨的新闻事件；魏格纳通过看到世界地图联想到了"大陆漂移说"；贝尔从吉他声联想到了改装电话机……

要培养我们自身的联想能力，最重要的一点不是想着如何去与众不同，而是应该从很多细节着手，培养自己打破常规的能力。比如，当你发现熟悉的道路其实有不同的走法，熟悉的菜肴其实有不同的做法，每天都看的晚报有新的信息……久而久之，你就会慢慢发现，你开始能够发现别人并不十分留意的潜在可能性，能够走一条不同于常人的路。这也就是我们所谓的"联想思维"。

联想是创造的源泉

通常来说，联想思维就是用联系和想象的方法来思考。实际上，在我们的生活里有很多创造和发明都来自于联想：比如通过猫科动物厚厚的爪子，厂商联想到了足球运动员必备的钉鞋；通过观察蜘蛛结网，厂商联想到交织纤维这种方法能够增加纤维的韧性；通过翱翔天际的老鹰，发明家可以联想到飞机……总之，联想是客观事物在人脑中的反映，它可以不断开拓人们的思想，激发人们的创新能力。

在 20 世纪 50 年代，日本有一位名叫安藤的年轻人，他每天下班都能在等公车的地方看到很多人排着长长的队伍等着吃面条。这个情景让他很好奇，他就想：日本人这么喜欢吃面条，要是有一种面方便携带，饿了的时候只需要用开水一冲就能吃，那该多好。

有了这个想法，很快，安藤就买回来一台轧面机，利用自己的休息时间开始做实验，朋友们叫他出去玩他也不去。身边人得知他在家研制一种"开水冲就可以吃的面条"，都笑着劝他道："你不要异想天开了，日本人吃了几百年、上千年的面条了，从来没有人想过要制作开水一冲就能吃的面条，你就不要浪费时间和钱财了。"但是安藤不为所动，他始终相信自己一定能够成功。在多次试验之后，他细心地发现面条煮熟、晒干，然后再将晾干的面条放在热油里炸熟，这样用开水一冲，面条就可以吃了。

1958年8月，安藤首次推出了第一款"鸡肉方便面"，很快大众就接受了它，不仅因为方便，而且味道也相当不错。接下来在短短的几个月时间里，就卖出了1300万份。后来，方便面受到了世界人民的欢迎，到2003年，在全球范围内，各个品牌的方便面销量达到了632亿份。毫不夸张地说，安藤创造了饮食界的神话。

除了能够创造新的奇迹之外，联想也是打开记忆之门的钥匙。人的大脑中储存着大量的信息，然而随着时间的推移，有很多信息会逐渐被人们忘记，或者是在脑海中变得模糊杂乱、支离破碎，变成一些无用的细节。但是，联想思考能让我们从过去的记忆中挖掘出潜意识深处的种种信息，把它们之间的关系在头脑中再次勾勒出来。

1944年4月，苏联军队决定歼灭盘踞在彼列科普的德军，解放克里木半岛。4月6日，已经进入暮春时节的彼列科普突然下起了大雪，大地一片银装素裹。苏联集团军炮兵司令看着刚进来的参谋长，只见他的双肩挂着一层薄薄的雪花，因为进入到作战室内，雪花的边缘被在室内的暖气中开始融化，清晰地勾勒出肩章的轮廓。

司令突然就联想到：天气转暖，敌军领地的积雪也马上就会融化，一般来说，为了避免泥泞，德军他们一定要清除领地内的积雪，这样一来就很容易暴露自己的兵力部署。于是，司令员立即命令部下，对德军阵地进行连续侦察和航空摄像。

只用了3个多小时，苏军就从敌军前沿阵地积雪出现湿土的变化中，推断出敌人的兵力部署，根据这份数据，他们调整了进攻力量，一举突破防线，解放了克里木半岛。

只要抓住生活中的细节，运用自己的联想力加以润色和勾勒，就能化腐朽为神奇，联想的力量甚至能够影响着人类的历史。

日本某公司的职员加藤信三，在某一天清晨起来刷牙的时候发现自己牙龈出血，他以为可能是牙刷太硬造成的，就换了一把新牙刷再刷，结果牙龈出血的情况更加严重。这使加藤非常不高兴，可转念一想，骂有何用，为什么不去发明一款不会让牙龈出血的新型牙刷呢？

富有创新精神的加藤发现这绝对是一个值得研究的课题。于是，他陷入了发明保健牙刷的思考中。首先，他先分析了刷牙时齿龈出血的原因，找到了在牙刷毛上突破的切入点。为了获得这份数据，他用放大镜观察牙刷，发现很多款牙刷的顶端都呈四角形，这种形状的刷毛极易损伤牙龈，也是造成牙龈出血的根本原因。于是他就想，能不能改变刷毛顶端的形状呢？照着这个思路，他又进一步进行试验，得出了这样的结论——如果将毛顶端磨成圆头形后，对防止刷牙时牙龈出血大有效果。就这样，加藤发明了保健型牙刷，并且被公司老板看中，成为该公司的换代新品种。

很多这种为我们的生活提供便利的发明其实都来源于生活的细节，发明者也都是通过对生活的一点一滴仔细观察，从而获得了灵感。当然，也有部分是"无心插柳柳成荫"，但同样离不开联想。

在没有发明"高压水采藕法"之前，采藕都需要人力挖掘。有一次，一个采藕者在挖掘藕的时候，不留神放了一个响屁。周围的人哈哈大笑，有的人甚至拿他打趣说："你老兄这么能放，干吗不冲着水底放它几个，把藕崩出来，这样我们也就省事了。"

这原本只是一句开心取乐、荒唐至极的话，可是有人听之后就真的动了心思，从中"解"出了挖藕的新思路：能不能用气压造成压力来挖藕呢？

于是，这个有心人开始了气压挖藕试验。最初，他用普通的鼓风机连接管道通向池底，想借用风力看能不能达到自己的目的，但是这种方法只能让水面冒气泡，对藕却没有半点作用。面对失败，有心人并没有灰心。在分析失败的原因后，他又将把压缩空气改为高压水枪，这一次效果非常好。"高压水采藕法"不仅速度快，挖出的藕白嫩干净，而且也不会把藕损伤。从此，水压采藕技术在日本得到推广应用。

以上成功的案例都告诉我们：联想是开启思路、升华思想的导火索和催化剂。人类头脑里的联想能力跨度是很大的，一点都不会受到现实的束缚，甚至两件原本风马牛不相及的事物，只要在它们之间加上几个环节，就能实现联系起来的愿望。这种大跨度的联想思维能力往往具有很强的创造力。所以，联想对于人们开阔思路、寻求新对策、谋取新突破是大有帮助的。

有位伟人曾经说过："联想是创造的源泉，不会联想的人是永远造不出新的东西的。"由此看来，没有丰富而广泛的联想，就不可能促进科学技术的巨大飞跃，做任何事都很难成功。联想思维要靠丰富的知识底蕴。创新没有捷径，只有"厚积"，才能"薄发"。

第五节　记录随时激发出的灵感

灵感虽然行踪难觅，但并不是可遇而不可求。只要你不畏劳苦地学习和积累，孜孜不倦地思考和探求，灵感就会走进你的心扉。

灵感往往不期而至

创新既是来自于灵感的启迪，也是来自于对灵感的挖掘。然而，灵感并非天生，不是容易得到的，更不是想有就有的。德国哲学家费尔巴哈曾经说过："热情和灵感是不为意志所左右的，是不由钟点来调节的，是不会按照预定的日子和钟点迸发出来的。"它往往是不期而至、来去无踪的。我们对待灵感就应该像狩猎一样，时刻准备着捕捉它。

许多作家、画家和作曲家都有一个习惯，就是在书桌边、枕头边、提包里，或者是其他随手触及的地方放一个笔记本，以便在自己灵感出现的时候，能够立即把它记录下来。有人甚至说，笔记本是攀登者手中的拐杖。

贝多芬是大家公认的天才作曲家，有一天，他独自行走在维也纳近郊的小路中央，看着远处的风景。忽然间，他的脑子里闪现出了灵感，于是他就蹲在地上记录刚刚构思好的乐曲。他写得非常专注，根本就无暇顾及周围的变化，此时他已经双耳失聪，以至于远处有一支送葬的队伍奏着哀乐走到他跟前，他都毫无反应。吹鼓手们看着路中间的这个拦路人，心里都气愤至极。他们大声叫喊着，让贝多芬闪开，可是贝多芬却毫无反应。正当他们准备呵斥的时候，其中一个鼓手认出了那是贝多芬，于是对身边的人说："不要惊动他，等一等，让他写完。"

灵感对每个人都是公平的，人人都会有灵感，但是，它更青睐于勤奋之人，这也是上天对辛勤劳动者的一种报偿和奖励。就如同柴可夫斯基所说："灵感——是一个不喜欢拜访懒汉的客人。"

在现实生活中，有的人能够不断获得这种灵感，从而在工作方面不断创新，成就非凡，而有的人却长期求之不得，以至于开始妄自菲薄，怀疑自己的智力，认为"天生就比别人笨"，所以才没有灵感。这是一种错误且危险的认识。生活中的每个人之所以有差别，最根本的问题并非是天赋，而是努力。有的人努力了，有的人没有努力，所以努力的人事半功倍，不努力的人事倍功半。阳光不会偏爱某一朵鲜花，灵感也不是某个人的"专利"，所以只要我们不断充实自己，让自己的思想达到一定的境界，任何人都可以获得这一甜美的果实。

或许有的人会问，如何获得灵感呢？通过下面"灵感思维术"的训练，相信你对灵感思维又会有一个新的认识：

首先，请你非常认真地考虑一下，什么能激发你的灵感，然后，努力创造一个对你进行创造性思维最有益的环境。比如，播放一些安静、舒缓的音乐；控制温暖的室内温度；打开窗户开拓一下自己的视野；或是让自己舒舒服服地坐在沙发上，穿上你最喜欢的一件衣服，把能够干扰你的噪音全部阻挡在外面。准备好了环境之后，再准备工具，比如纸笔、白板、电脑都已经齐备。做好了这一切，就可以开始你的寻找灵感之路了。

心静才会有无限灵感的可能。根据调查研究，人类有很多伟大的发明都是在心静的时候才获得了灵感的。比如，伟大的发明家爱迪生在研究电灯的过程中曾经经历了数百次失败的实验，这让他感到焦躁不已。为了舒缓自己的神经，他决定休息几天。谁知道某一天他躺在床上，突然间就想到，如果用钨丝会不会好一点？想到这里，他立刻爬起来继续实验，就这样发明了电灯。

无独有偶，在一个星期日的午后，瓦特独自在森林中散步，这美妙的自然景观让他格外放松，也是突然之间，他想起烧开水时的一幕幕情景，从而产生了制造蒸汽机的灵感。再比如，爱因斯坦提出"相对论"之前，也是独自躺在空旷的原野上眺望蓝色晴空，放松心态之下，他心里渐渐浮现出相对论的伟大概念……古往今来，诸多艺术家们为了洗涤心灵的情感，都非常喜欢田园茂林等安静的环境，从而达到心灵上的宁静，获取灵感。

灵感也并非无迹可寻，曾经有人做了一项最佳灵感时间的测试，结果位居前 10 位的最佳灵感时间是：坐在马桶上；洗澡或刮胡子时；上下班公交车上；快睡着时或刚睡醒时；参加无聊会议时；休闲阅读时；体育锻炼时；半夜醒来时；听人神侃时；从事体力劳动时。

对照这个时间，我们也应该仔细观察一下自己的生活习惯，找出最容易获取灵感的时间，并且努力营造寻找灵感的氛围。或者让自己暂时休息一下，离开办公桌去倒杯咖啡，走到别的部门，翻翻杂志，看看窗外的风景，都会有很好的效果。

习惯性地记录生活的瞬间

更多的时候，灵感来自于生活。每一种生活都会给创作者带来不一样的感受，记住这些感受，总结它，分析它，提取它，进而描绘它。要做到随时随地掏出笔来记录那些能够触动你内心深处的画面，如果你觉得自己有能力去描绘、完美地表达自己的内心，那就先用文字把自己的感受记录下来，或者用简单的笔法尽可能地记录。总之，就是要想尽办法把灵感落实到纸面上，而不要停留在脑海中，因为遗忘会像细菌一样吞噬灵感，让你的头脑变空。

法国数学家拉普拉斯曾说过，他常会放下某个复杂的问题，当他重新考虑时，往往发现它变得极为容易。除此之外，当你的思维遇到障碍时，如果能够邀请到不同专业的人员一起叙谈，从不同角度探讨问题，往往能使自己摆脱习惯性思维定式的束缚，启发自己思考，使头脑一新，从而捕捉到灵感。很多人都喜欢把这种行为称之为"脑力风暴"。

在一些人的眼里，所有的事情都是独立而琐碎的，而对于有创造力的人来说，所有的事在价值链上又是相互关联的某一环节，他们能在多变的自然中看见崭新一致性。这并非是危言耸听，他们在很少有人关注的问题中、在不同事物之间悟出了某种相关性。例如，从小狗的温顺联想到卫生纸的柔软，从汉堡包某一角度联想到嘴形等，都存在着相关性的联想，所以培养发现事物关联的能力，并使之成为生活中的习惯是很重要的。

第**2**章

天才的学习方法——思考力

思考的重要性在于，它能使人们的认识并不仅仅停留在事物的表面，而是引导人们获得新发现。思考贵在勤。作为学生，更应多动脑筋。人类的许多伟大发现都归功于逢事问一个"为什么"。

第一节　思考的深度决定成功的高度

在面对棘手的问题时，要善于打开思维的闸门，在借鉴前人的有效经验下敢于创新，敢于突破，正所谓思想有多远，就能走多远。

思考力是各行业的必备能力之一

斯坦福大学的院长曾经说过："我们要培育的是具备 T 型思考的人才，也就是同时具备理性思考和感性思考的人。"是的，理性的思考让我们拥有前进的方向，感性的思考让我们在大方向之下开拓各种可能，努力创新。

不论你从事什么行业、担任什么职务，思考力都将是必备的工作能力之一。刚刚走出校园的毕业生如果具有独立思考能力、想象力和勇气，往往更容易受到企业的青睐。百事可乐、可口可乐、强生、本田汽车、沃尔玛……这些知名企业以实力雄厚、知名度高、工作环境舒适、薪水福利优厚、管理体制完善、企业文化最先进等诸多优势著称，是同行业中的领军者，但是想要进入这样的企业，首先要拥有的就是思考力。

欧莱雅是一家以开放、现代而著名的时尚公司，在安排面试的时候，除了考虑岗位的具体要求之外，还有一套自己的人才选拔标准：富有胆识和思考能力，富有创造力，同时具备实干精神。作为一家著名的从事时尚文化传播的大型跨国企业，欧莱雅要求自己的员工一定要热爱时尚，并且有着诗人一般的感受力，能够充分把握时尚的流行触角。想要做到这些，员工就必须具备杰出的思考力。只有拥有丰富的思考力，才能够在变化莫测的时尚界里始终屹立不倒，成为引领全球时尚的大企业。

毫无疑问，思考力是任何企业走向成功的不可或缺的因素。思考力是催生商业创意的发动机。在现代竞争激烈的社会，每个企业都非常看重自身的创造力，每个企业都非常注重创新。而要做到创造与创新就必须具备丰富的思考力，因为思考的能力往往是跟创新密切相关的。

美国著名成功学家拿破仑·希尔曾讲了这样一件事来向世人说明思考力的重要性：桑德斯原本只是一个最为普通的店员，有一天，他在一家餐馆用餐，看着站在身边同样等待用餐的人，他的脑海里突然闪现出一个念头，怎么才能让几十人、上百人一起用餐呢？答案是"自助"，那么"自助"这种方式能否用在购物上呢？在那一瞬间，"Piggly-Wiggly 连锁杂货店"的计划就成型了。几年之后，桑德斯就很快成了身价百万的美国连锁店大亨。

通常，我们习惯性地用"脚踏实地"来赞扬企业家的创业精神，但是，当我们观察众多企业家成功的轨迹时就会发现，给他们带来巨大财富的秘密并非是常规的吃苦耐劳，而是思考力。

在当今的微利时代，企业竞争的早已不再是成本、速度，而是思考力。思考力可以为企业和个人创造巨大的财富，同样也是未来企业竞争的关键因素。并非是要比别人做得更好就能够成功，仅仅做到这一点远远不够，在未来的市场里，必须要和别人做的不一样才能够占领市场。因为在同质化商品越来越严重的今天，企业要想做大做强，必须使自己和别的企业不同，让自己具有一个独特的标签，只有这样才能够立于不败之地。

要想做到独一无二，就必须要求企业决策者和员工具备杰出的思考力，能够想到别人没想到的问题，能够发现别人没发现的可能。由此可见，杰出的思考力是企业发展和成功的无价之宝，也是一名优秀员工所应该具备的基本能力。

思考力是未来社会竞争的关键因素

曾经有人问过比尔·盖茨，他出"你要如何才能移动富士山"这样的怪题，究竟是想寻找什么样的人才？盖茨的答案非常简单：对这类问题，应征者提出的答案正确与否并不重要，因为根本就没有正确答案，问题的本身是要看应征者在寻找答案的时候是否具有想象力，又是否循着有效的思考方式去思考问题。比如不管你想用什么方法来"移动富士山"，你都要说明为什么会想到用这种方法，它在逻辑上是否站得住脚，你又要如何解决技术上的问题等。所以这个问题看似荒谬，但实际上却在想象力、逻辑、相对技术上都能够给予应征者充分的空间。

20世纪40年代，美国制糖公司需要把方糖运往南美洲销售。可是在海运过程中，方糖很容易受潮而造成产品浪费，针对这个问题，公司花了不少的财力聘请一流专家解决，却一直没找到根本的解决方案，让美国制糖公司大为头痛。这时，轮船上工作的工作人员说只要在方糖包装盒上戳一个通气孔，方糖就和轮船上的通风洞一样不会受潮了。同样是根据这个原理，一家美国航空公司在飞机的机翼上钻了无数的微孔，微孔不但可以消除空气紊流，还能减小空气阻力。这个小小的细节上的改进使得这家航空公司大幅度地节约了成本。一个很小的改变有时会带来意想不到的效果，那就要看你能想多远了。

在面对一件新鲜事物或很困难的时候，我们基本上都会有一个自己习惯的寻求解决的过程，或者是找相关的书籍，或者是搜索百度，在自己的脑海中把与它相关的东西像牵线一样引出来。但是当我们发现很多相关东西搅在一起的时候，往往就会理不出头绪，这时就需要静一下，问问自己究竟想了解它的哪一块。每一件事物有很多组成部分，但有的部分跟我们要了解的没有任何关系，那么我们就需要去掉干扰，理清与自己需要解决的问题有关的部分思路，形成一个网，再在其中挑出重点与辅助部分，这样自己的思路就会豁然开朗。

在这个过程中，有的人会担心，没有进一步探索的那一部分是否真的是没有关系的呢？说不定那些被我们抛弃掉的部分正好是有重要意义的呢？其实这也是人类解决问题的一个局限性，很多东西不可能一下子全面而完整地展现出来，这其中有很多原因。有时是因为人类缺乏进一步去挖掘它的慧眼和精力，有时是因为现有的技术条件或环境条件只能达到某个水平，有时是因为思维的定式让更多的发现扼杀在了更接近真理的那一步，有时是因为这个事物本身发展不够成熟，但正因为这种局限才使历史像车轮一样不断前进。

爱因斯坦认为，当发现新的需求在现有水平下无法实现时，自然而然就会出现各种新型的力量勇往直前，打破现时的局面去开创一个更为先进的局面，这也是人类不断进步的原因和动力。

社会进步是必然的，但它同样具有偶然性，即进步的速度与质量是靠那些能跳出思维局限的人的力量与智慧去推动的，爱因斯坦就是一个善于与时俱进进行思考的人，所以他的思想在任何阶段都不会过时。一项先进技术的面试、一个健全完善体制的诞生都会化为历史长河中一朵朵浪花，有的翻天覆地，有的昙花一现。这些改变并不一定是最完美的，只能说在现有的水平下能够代表当前最先进的技术或理念，能够解决人们最需要解决的问题。而这项技术或理念本身的成熟性则决定了它存在时间的长短，这也是由提出这些先进理念的人的思维和智慧来决定的。

一部经典之所以被世代传颂，是因为它能经受住时间的考验，大浪淘沙，依然有它的闪光点。正如阿基米德能骄傲地说出"给我一个杠杆，我就可以撬起整个地球"的豪言壮语，伟人的伟大之处在于它有实力征服大众。

历史前进的必然性和偶然性也正说明，一个新事物出现时人们的态度与思维决定了事物前进的方向、速度与结果。当我们遇到难以解决的问题时，不能画地为牢，困在原有的思维模式里，而是要善于打开思维的闸门，在借鉴前人的有效经验的基础上敢于创新，敢于突破。

第二节　不要想着复制别人的成功

伟大人物的传奇只是激励我们不断前进的动力，而不是我们膜拜的"成功模板"。

看别人的成功是浪费自己的时间

对于一个真正有思想的人来说，爱因斯坦从来没有想过要复制别人的成功。有人曾经说过，看别人的成功，是浪费自己的时间；看别人的失败，是增长自己的才能。我们不禁要问正确的方法是什么？当所有错误的方法全部被毙以后，成功之路就会浮出水面。

马云在演讲的时候，曾经对在场的学生这样说过："创业者应该多去了解别人失败的经历和他失败的原因，别人失败了，你对照着看看自己有没有那么做，并且学会举一反三，避免犯同样的错误。很多失败的人之所以失败，并不是因为他能力不够，活着就是一念之差，那么你就要记住了，将来走过这个地方的时候，你就懂得绕过去。但这个道理并不适用于成功案例，看到那么多成功案例，很多人都想要去模仿一下，但是结果是可能死得更快。其实这个道理非常简单，很多人觉得成功人士是从这块石头爬上去的，你以为你也可以爬，告诉你，也许你腿劲不够，也许你爬的那天刚巧那块石头松动了，那么你就惨了。所以，去学习那些失败的经历吧，这样不会让你的胆子更小，而是让你的胆子更壮。"

正所谓"外行看热闹，内行看门道"，马云的这番讲解无疑给我们提了一个醒：别人的经验教训比成功的方法更重要，更值得我们在意。有很多人都曾惊叹世界富豪的"辍学经商"，膜拜亿万富翁的"传奇人生"，其实这些完全没有必要，他们的时代、背景等大环境连同人际关系和自身素质和我们现如今所经历的完全不同，所以，无论如何你都成不了"他们"。

这段话足以让我们看清一个现实：伟大人物的传奇只是激励我们不断前进的动力，而不是我们要去模仿的"成功模板"，因为我们不可能复制别人的人生。我们能做到的，只有总结他们失败的教训，走出一条属于我们自己的成功之路，这才是"内行人"所看重的门道。

一位风险投资公司的副总裁说过这样一句话："几乎每个创业公司都会将同样的错误再犯一遍。"或许有些人会觉得奇怪，为什么是"再"犯？因为有一些错误是创业者非常容易犯的普遍错误。如何才能避免犯错？就是要在遇到类似问题的时候，参照前人失败的经验和教训，用自己真诚的态度、长期的耐心和持久的热情总结出规律和方法。

用他人的"失败"搭建我们实现梦想的舞台

如果关注新闻，我们常常会看到这样一个有趣的现象：比如说，有一个全球研究机构都在研究的难题，会在某个相近的时间里，同时由几个国家、地区的机构发布最新的研究成果；一篇长期没有进展的研究论文，往往在公开发表的时候不止一个人；一个著名的理论实验会由世界上两个，甚至三四个实验室同时公布……

这绝对不是一种机缘巧合，而是"时机"最终"暴露"。或许有人觉得不能理解，其实这是非常正常的，一个世界性的"难题"，在全球范围内很多国家和地区的相关人士都在进行研究、分析、试验，所以结论也就不断被推出，又不断被否定，再次被假设，又再次被纠正，进入循环过程如此反复。"错误"的方向越来越多，被否定的方向越来越多，反过来说，正确的"方法"就显得越来越清晰了，那么众多人几乎在短时间内就能发表某项领域的专业研究。

这一点就充分地告诉我们，尤其是那些为了理想而正要开始孜孜不倦的年轻奋斗者，切忌闭门造车，要学会站在"失败者"的躯体上吸取他人的经验教训，进而步入成功殿堂的台阶，一路前行——将他们的"成功"变成我们自己翱翔的翅膀，用他们的"失败"搭建我们实现梦想的舞台。

　　一位老板为自己的文化传播公司取名为"点石文化"，他的朋友觉得这个名字有意思，就问他为何给自己的公司起这个名字，有什么寓意？这位老板只说了两句话——第一句话：点石成金，第二句话：他山之石可以攻玉。

　　所有人都知道，石头是不可能变成"金子"的，至少在现阶段，没有人能够做到这一点。那么这个世界上是否存在"点石成金"的方法呢？或许没有人敢拍着胸脯说一定没有。那么如何攻下这块"宝玉工程"？那就用"他山之石"。这就是老板取名的寓意，他希望自己能够借助他人的力量完成"点石成金"的工作。

　　朋友听完他的两句话，内心很是感慨。原本他也经历过年少轻狂的时代，曾经也在内心深处信誓旦旦，要为了所爱的事业而努力，但现如今也只剩下人到中年的满腹智谋、经验老到。其实，我们每一个人都一样，在内心深处树立远大的目标并没有错，但请放下我们的高傲。用一种虔诚的态度向"失败者"学习，那样，我们所获得的可能会大得多。

在现实生活中，总能看到这样一种情况：有一些年轻人子承父业，进入了父辈的工厂或公司就停止了自我成长。一般来说，父辈的工厂或者公司都会存在固定的模式，有先例可依，他们不需要去创造什么辉煌，只需要延续父辈的轨迹，这样一来，他们看似成功，却失去了自己的发展空间。因此，无论你从事什么职业，都不要盲目地追随别人，模仿别人，要努力开创出自己的方式和空间，在工作中，你要下定决心不管你能取得的成就是多少，你必须保证它是原创的，是属于你自己的。创新是力量和生命，而模仿就是死亡。所以不要害怕展示自己，要创新，要领先，而不是复制或追随。你要努力寻求改变，做一个有思想的人，这样你总能在这世界上寻找到自己的位置。

第三节　　独立思考让你走得更远

人最重要的就是独立思考，如果丧失了这点，你就会被他人所控制，失去事业前进的航向。

坚定自己的想法，不要轻易被干扰

爱因斯坦非常重视培养青少年勤于思考的习惯，因为独立思考不仅能够有助于孩童的成长，也能够在今后的道路上成为他们获取成功的必要条件。据说，在爱因斯坦的晚年时期，他居住在美国普林顿一所简朴的木板房子里，邻居有个十一二岁的小女孩。每天放学后，小女孩都跑来看望这位白发苍苍的科学家。爱因斯坦也喜欢检查她的功课和作业。有一次，孩子拉着他的手问："爷爷，这道题怎么做？"爱因斯坦看了看作业本，题目并不是很难，但是他并没有直接告诉小女孩方法，而是和蔼地说："孩子，你要先学会自己思考问题，不要一碰到困难就向别人伸手。"看着小女孩不解的表情，爱因斯坦又笑着说："那这样吧，我给你指个方向，不过，答案还得你自己去找！"

其实爱因斯坦这样做是有目的的，因为他自己在少年的时候就是个爱思考问题的孩子。在 14 岁的时候，就能够自学几何和微积分。在自学的过程中，难保会遇到各种各样不懂的难题，但是他从来不直接去问询答案，而是要经过细心琢磨、反复思考，直到实在算不出来时才向别人请教，但是不等人家开口，他就提出要求说："不要把答案全部告诉我，留着让我思考，请您给我指点一个方向就好。"后来，他成为了杰出的科学家，每当人们赞誉他对人类作出巨大贡献时，爱因斯坦总是谦虚地说："我并不是什么天才，学习知识要善于思考，思考，再思考。我就是靠这个方法成为科学家的。"

人都存在惰性，容易放任自己依附于有能力的上司或者同事。思考的确要比直接询问辛苦得多，可是人最重要的就是独立思考，如果失去了这个能力，你就会被他人所控制，失去事业前进的航向。而在你学习或者实践的过程中，总会遇到各种各样不同的声音，有的人是善意地提出意见，有的人是轻蔑的讽刺，所以一定要坚定自己的想法，不要轻易被干扰。

　　有这样一个寓言故事。很久以前，在一个偏僻的乡村里住着一对父子。有一天，父子二人牵着一头驴到集市上去买盐。走在半路上，旁人就笑这对父子太傻了，有驴不骑，非要走路。父亲听了，觉得有道理，就让儿子骑驴，自己步行。还没走多远，路边又有人批评说："这个儿子真不孝顺，自己骑驴，倒叫父亲走路？"孩子一听，赶忙下来，让父亲让骑驴。走着走着，路边又有一个人批评说："瞧，这当父亲的，真不知道心疼自己的儿子，只顾自己舒服。"于是，父子二人只好都骑到驴背上。父亲以为这下总可以了吧，不会再有人说三道四的吧。没想到很快又有人为驴子打抱不平了："天下还有这样狠心的人，那头驴这么瘦，都快被压死了！"听到别人这么说，父子俩实在没辙了，索性把驴子绑上，两人抬着驴子走。结果在过桥的时候，驴一挣扎，坠落河中淹死了。

很多人都听过这个寓言故事，它告诉我们，无论做人、做事，都不要盲从，过分地在意他人的看法，如果完全按照别人的好恶行事，没有自己的独立思考，终有一天会成为故事中的父子，成为别人的笑柄。可是说起来容易，做起来却并不如此，在现实中有许多人常犯类似的错误：比如，当你提出一个想法，或者想去实现一个梦想，周围的人总是会提出自己的看法，有些是善意的，有些是恶意的，有些是经验之谈，有些纯粹是臆想，无论如何，这些观点都是他们从自身的角度出发的。

面对这种具有过分差异性的建议，如果我们不能学会独立思考，过多顾虑别人的看法和议论，犹豫不决，常常会错失良机。所以我们要做到的就是学会独立思考，不能随波逐流，在关键时刻坚持自己的想法。

在美国汽车大王福特发明 V8 型发动机的时候，几乎没一个人认为它能够取得成功，甚至有很多竞争对手都在等着看他的笑话。因为很多非常杰出的工程师在经过一年的努力后也全都放弃了。但是福特却丝毫不气馁，坚持自己的观点，他认为自己是对的。几年后，V8 型发动机让福特车的销售量位居世界第一，也成了汽车史上的佳话。

在职场中，不要理所当然地认为领导只喜欢那些溜须拍马的"佞臣"，其实并非所有领导都是如此，甚至所有想要有所建树的领导都更喜欢有自己见解的员工，因为他们能给领导的思维提供更多的可行性。就好比名侦探福尔摩斯的助手华生，他总是不断地提出一些错误的、愚蠢可笑的见解，甚至有些人都会笑话他，但是福尔摩斯非但不反感，还觉得这是发现真相的必要手段。一位出色的企业家曾经这样说："我认为接到指令后直接去执行的员工绝不会有出息，因为他们永远都不知道'思考'这两个字对他们、对公司有多么重要。"任何一家公司需要的都是那些能思考并在工作中积极完善细节、有创新的人才，而不是死板的按指令行事的机器，所以那些不能考虑事情的发展方向和存在问题的员工是不受欢迎的。

独立思考，不随波逐流

迈克在一家贸易公司工作了一年，他对自己的工作非常不满，常常私下愤愤地对朋友说："我在公司的工资最低，同事根本不把我放在眼里，老板也不知道我到底有大的能力。看着吧，早晚有一天我要让他知道我的厉害，然后辞职不干了！"

他的朋友看他这么郁闷，就问道："你对那家贸易公司的业务都清楚吗？"

迈克理直气壮地回答："不清楚！我的老板根本不在意我，我又怎么会清楚公司的状况？"

朋友笑了笑说："那我告诉你一个办法，你回去先把他们的一切贸易手段、商业文书和公司组织都搞清楚了，再一走了之。如果将来去他们的对手公司挤垮他们，不是更出气吗？"

迈克觉得朋友的话对极了，似乎只有这样做才能让自己平复这些委屈，于是他一改往日拖拉散漫的习惯，认真研究起公司的业务来。

一年之后，迈克偶然遇到了那位朋友。朋友问："你是不是要辞职了，现在准备到哪家公司另谋高就？"

迈克不好意思地说："现在老板对我刮目相看了，又加薪又升职，我已经是公司里的红人了！这都亏你当初告诉我的那个办法。"

朋友好像早就料到了这一切，他拍了拍迈克的肩膀说道："不要总是去抱怨，如果你能够自主地去学习，努力工作，你的老板早晚都会器重你的。"

其实这个朋友非常有先见之明，在任何一个公司，之所以老板不重视某个员工，绝不仅仅因为偏见，肯定是因为员工并没有认真地投入到工作中，天天混日子的人自然得不到老板的赏识。而反过来，如果一个员工能够发挥积极主动性，努力工作，成为一个有自己目标的"好员工"，自然而然的也就得到了老板的器重了。

所以，那些懒于思考，不会思考，说话办事总是人云亦云、随波逐流、不会独立思考的人，终其一生，也很难有多大的成就。反之，只要你能独立思考，往往在很短的时间里就可以独当一面。我们都存在惰性，几乎没有例外，大家都很容易放任自己依附于有能力的上司或者同事。但是聪明的人、成功的人往往会在头脑里时刻提醒自己，千万不要丧失了独立思考的能力，只有这样才能在前行的道路上保持清醒。

"发展独立思考和独立判断的一般能力，这应当始终放在首位。"爱因斯坦如是说。思考是大脑内的独立活动，人的一切行为都受它的指导和支配。尽管思考这种行为看不见、摸不到，但它真实存在。有什么样的思考方式，就有什么样的命运。一个人如果能够不断更新自己的思想，并将自己对人生、对生活、对工作新的感悟传递给他人，那么他就能够主宰自己的命运，并且开创属于自己的风格。但如果他总觉得自己没有独立做事的能力，不能超越其他的人，那么他就真的不会独立，只能跟在别人后面模仿别人。

有一位擅长画猫的画家，画技高超，他笔下的猫栩栩如生，仿佛每一根毛都富有生命力一般，以至于许多人把他的画买回去挂在家里之后，家里的老鼠都逃光了。因此，这位画家在业内被人们誉为"猫王"。

不过，这位画家性格非常古怪，一生只收了两个学生——迈克和詹姆斯。

一天，画家把其中一个学生詹姆斯叫到跟前说："你学到了我画猫的全部技巧，甚至在很多方面都已经超过了我。所以，你可以离开这里去寻找更加出色的画师，或者到世界各地走一走，与其他优秀的画家交流一下经验。"

詹姆斯听完之后，心里非常不舍，他向"猫王"表示，希望自己能继续留在老师身边学习，但画家态度十分坚决，詹姆斯只好真诚地向老师鞠躬致谢，然后便离开了。

另一个学生迈克看到这种情形，非常不满，他找到画家说："老师，我比詹姆斯早半年开始跟您学画，所以，我应该算是学有所成了吧？"

画家严肃地说："的确，你跟我学画的时间比他长一点，但是，你这辈子恐怕永远也无法到达詹姆斯的水平了。"

迈克听到老师的批评，心里非常不服气，气愤地问道："为什么？"

"你跟我学画，只是一味地模仿，却没有加入你的任何思想，也没有任何自己的风格，也就是说你在用手画画，而詹姆斯则是在用脑子画画，他画的猫在很多细节方面已超过我。但是至于你，基本功虽然很扎实，但不善于思考，不善于用脑，这就是你永远无法超越詹姆斯的原因。"

迈克听完老师的这番话，认为是老师偏心，也不服气地离开了。

几年的时间过去了，迈克的画作无人问津，只好另谋职业，而詹姆斯则成了远近闻名的"猫神"。人们都说他画画的水平已经远远超过了他的老师。

可以说，世上最可悲的人就是像迈克一样一直模仿，完全没有自己见解的人。假如一个人只懂得追随在他人身后，却不能做任何独立自主的思考，那么他的能力就不能完全发挥出来。

正如伟大的哲学家叔本华说："不加思考地滥读或无休止地读书，那么他所读过的东西根本就无法刻骨铭心，甚至大部分的内容将消失殆尽。"如果一个人没有独立思考的能力，那么他很难领悟人生的真谛，而且会丧失主见，很容易别人一开口就变得惊慌失措。所以，独立思考问题、独立解决问题的能力是保持个性的重要方面，也是一个人立足于世不可缺少的条件。

第四节 找出问题的关键点

从重点问题突破是成大事者思考的习惯之一，因为没有重点的思考，就等于缺少主攻目标。

找出真正的问题

爱因斯坦曾经说过："解决问题的真正智慧并不是急于寻找方法，而是对问题多看上几眼，从中去发现真正的问题。"其实这句话的含义是发现问题、解决问题最有效果的方式就是追问：哪里才是问题的关键之处？

曾经在很长一段时间里，大兴安岭地区村庄里居住的人们常常受到野猪的骚扰。这些野猪凶猛无比，它们毁坏庄稼、袭击家畜，甚至对村里人的安全构成了威胁。为了解决这个问题，村民们就立刻行动起来，他们拿来很多工具准备捕获那些野猪。可是这些野猪很狡猾，当它们察觉村里人的行动时，便不露一点踪影。

一段时间过去了，这种方法一点效果都没有，村长就召集全村的人开会，商量捉拿野猪的办法。一个老人从人群中站了起来，他表示，自己愿意去捕获野猪。大家听了之后都露出怀疑的表情，心想年轻人都无法办到，一个老头子能行吗？老人看到了大家的疑惑，就笑着说："别看我年纪大了，但只要你们提供几样我需要的东西，我就一定能够办到。"村长听了，决定试一试，就按老人的要求，给他准备了他要的东西。

第二天，老人就进了森林里，他先是寻找到了野猪经常出没的地方，在一片空地中央撒了些玉米面饼，然后自己就找了个地方躲了起来。那些原本就饥肠辘辘的野猪闻到饼的香味，经不住诱惑，慢慢地向玉米饼靠近，觉得没有任何危险之后就大吃起来。

第三天，老人就又增加一些饼，并在不远的地方竖起了一块木板。野猪闻到了香味，又走了过来，可是当它看到木板，就有些不敢走近。一段时间以后，这些野猪禁不住饼的诱惑，就又走过来吃了。就这样，老人每天在玉米饼的周围多增加一些木板，野猪最开始犹豫一阵后，又过来吃那些香甜的玉米饼……时间一天天过去了，木板越竖越多，逐渐就形成了一个围栏。而这个时候，野猪对那些木板已经习以为常，根本就没有当初的谨慎，结果可想而知，最后它们都被关进了围栏。

后来，村民向老人讨教，他是怎么想到这么奇妙的主意呢？

老人说，你们陷入了自己的思维定式里，总是想着一枪击毙它们，事实上，你们连野猪的影子也很难发现，因为野猪本身就是非常狡猾的一种野兽。如果我把这个问题锁定在另一个易于解决的问题上：如何才能看到野猪？这样，问题就很好地解决了。

其实，发现真正的问题才是解决问题最有效的策略。

把握重点思维

下面是让大家可以一试身手的问题。请想想我们应该如何定义"真正的问题"：

在城市里有很多写字楼，几乎所有租户都在抱怨它的电梯慢。

其中有一家写字楼听取了租客的意见，物业管理人员请来了专家，希望能够改善这个问题。专家们对这幢建筑物的结构进行了分析，最后给出的建议是：换一部快些的新电梯，这样才能解决电梯慢这个难题。可是，换新电梯又遇到两个问题，一个是投资，一个是安装新电梯需要拆除并改建这幢建筑物的很大一部分。

那么，上面这个问题的"关键之处"在哪里呢？

有一个员工提出这样一个假设——也许不是电梯太慢，而是等电梯太无聊，所以租客们才抱怨电梯慢。

物业管理部门觉得或许能够从这个角度来改变，于是他们请来了木匠，在电梯间内装上一块很大的镜子。这样一来，等电梯的人们可以对着镜子梳理自己的头发、掸掉上衣上的灰尘、整理自己的衣着。就这样一个小小的转变，向物业管理部门提出的大部分抱怨都不见了。

这个故事也印证了对问题作出重新定义的力量：从"电梯太慢"到"人们等电梯时很无聊"，其实任何事情都不是独立存在的，它中间存在着很多我们平时看不到的关联。然而，我们换一种角度去思考，或许就能获得解决问题的真正方向。

任何事物和问题都存在多面性，所以我们对同一个问题也可以寻找不同的表述方式，就如同上面那个案例一样，对"电梯太慢"的不同表述让解决问题的思维有了不同的突破方向，发现了真正问题所在，导致了不同方法的选择。最后，从中选出一个最好的方法，实现问题的圆满解决。这也就是我们常常说到的"重点思维"。

重点思维意味着你知道自己该做哪些事、需要去做哪些事。人的时间是有限的，一天只有 24 小时，你能完成多少工作？在信息庞杂、速度加快的现代职场中，我们必须要掌握更多的技能，在愈来愈少的时间内完成愈来愈多的事情，所以，重点思维是最好的应对之道。

由于不清楚目标，我们总是浪费时间重复做同样的、不必要的事情，而遗漏了关键的信息，却浪费太多的时间在不重要的信息上，所以在职场上还有这样一条建议："少做一些，不是要你把事情推给别人或是逃避责任，而是让你做到集中焦点，清楚自己该做哪些事情，这样自然就能花更少的力气，得到更好的结果。"

成功人士在遇到重要的事情时一定会经过非常慎重的考虑，他们会把有限的个人精力集中在最关键的一点，从重点问题突破。这也是成大事者思考的习惯之一，因为没有重点的思考，就等于缺少主攻目标。所以，每个人都要培养自己把握重点思维的习惯。

第五节　专注的思考更能聚力

一个有超乎寻常专注力的人才有可能改变他的事业，创造奇迹。

专注你要做的事情

爱因斯坦表示，专注于你所要做的事情就是成功的第一大要素，我们只有善于克制自己，把自己有限的精力投入到学习中去，完成自己所要完成的复习任务，才有成功的希望。

有的人或许会说："怎么可能心想事成？"但事实上，透过专注，你可以得到很多你想要的东西。每个人的欲望都是可以满足的，至于能不能满足，就要看你是不是专注让这个欲望实现，空有希望是不可能成真的。只是"希望"得到某个东西，而不付诸实行，只能显示出你的弱点，而不能让你真的得到。所以，千万不要只是空有希望，毕竟我们不是活在一个"童话故事"的世界。

与其把脑力浪费在无谓的想象上面，倒不如去思考一些有价值的东西，因为两者所消耗的脑力是一样的。慎选你的欲望，在心中想好你最想要实现的东西，下定决心，直到它完成为止。在人生的河流中，我们总会遇到各种各样的欲望和诱惑，所以在这个时候，我们要掌稳舵，千万不要随波逐流，看清你的方向，然后尽全力去做，相信自己一定会成功。

很多人在决定做一件事后，才刚刚起步就会觉得没有信心，认为自己不一定能够成功，结果往往不出所料。这并非是真的没有能力，而是在你内心深处已经开始对自己的能力有所存疑，那么你就不可能做到真正的专注。打个比方，一个人去商店里买东西，店员却告诉他，他想要的东西卖光了。这个人并不死心，便问店员他是否知道商品放在哪里，他可以自己去确认，但他还是得到否定的回答。这个人仍然不肯放弃，他去询问商店的经理，终于找到他要买的物品。这就是专注力让人心想事成的典型事例。要记住，灵魂是一切力量的核心，"我一定要想出办法"就是成功的精神。

不要把自己的精力浪费在空有希望上

有一位大银行的领导人，他的成功经历非常传奇：他的第一份工作是送快递的小哥，他的父亲特别为他订制一枚印有字母"P"的徽章别在他的外套上，对他说："儿子，这个'P'字是要提醒你，将来有一天你要成为这家银行的总裁（president），希望你能把这件事牢记于心，记住，每天做一点让你更接近这个目标的事。"或许在很多人眼中看来，父亲的这个愿望过于宏大，甚至是难以完成的艰难任务，但是这个父亲却认为自己的儿子一定能够成功。每天晚饭后，父亲都会问儿子今天做了什么，用这种方式将这个念头深植在他心里。果不其然，年轻人专心致志往总裁的目标迈进，最后他成功了。

艾默生曾经说过："集中心力是无敌的宇宙法则，不要把自己的精力浪费在空有希望上，也不要浪费在满足一时的冲动上，专心致志去做真正有价值的事。有恒心的人永远都不会失败，懂得善用的人才是真正有能力的人。"今天我们要想成功必须集中心力，因为只有这样做才能唤醒思维的才能和力量，如果将这些全部运用在职场上，一定能够获得成功。

合理运用这个宇宙法则，很快就可以达成你的目标，所以你不需要对你想要达成的目标产生畏惧。对于你的目标，要尽全力去实践，只要是合理的、必需的，任何事都有可能发生，哪怕即使全世界都认为是错的，但对你而言是对的，你就会把它看成是你应当去做的事。

你要相信，自己是有潜力去克服任何企图阻碍你的困难的。所以一定要对自己充满信心，对着命运大声发出自己的呐喊："让生命中所有的困难都来吧，我已做好准备面对它们，我的灵魂是不可征服的，我代表无限的力量！任何困难都不能将我击倒，愈严苛的试炼愈能快速培养我的心力，愈困难的事愈能造就我的成功，让所有的困难都来吧，我有信心就足够了。我所追求的是无所不能的自我，我所追求的是无所不知的智慧，现在我正一步一步向它接近。"

第六节　发现从怀疑开始

积极思考是现代成功学非常强调的一种智慧力量，可以说，思考是行动的重要前提，而多问几个"为什么"则可以有效引发积极的思考。

质疑和批判让人受益匪浅

对于像爱因斯坦这样的科学家来说，具备质疑和批判精神，这是最基本的素质。没有怀疑就没有创新，科学家一旦与质疑绝缘，那他在科学研究领域的生机和活力也就不复存在了。

曾荣获诺贝尔奖的奥地利物理学家泡利就非常敢于向任何人发难，不管对方的身份和地位如何，他都敢于批评和质疑。

有一次，他的老师玻尔在一次讨论会上发言，正当讲到关键时刻，泡利突然大声说："你住口吧，不要再冒傻气了！"周围的人都非常诧异地看着泡利，但是玻尔脾气很好，而且他非常清楚泡利的为人，不但没发脾气，还温和地说："但是，泡利，你听我说……"玻尔用自己的温和化解了这场尴尬。

当然，泡利并非是因为针对自己的老师，而是针对老师的观点和研究。不过，脾气直率且火爆的泡利也有犯错误的时候。

在 1956 年的春天，两位华裔学者杨振宁和李政道提出了一个石破天惊的新猜想，他们认为，在一种称为"弱相互作用"中，"宇宙"是不守恒的。杨振宁和李政道知道，光凭借着苍白的言语就想让大家信服是绝对不可能的，必须通过实验来证明自己的猜想。于是，他们请中国来的吴健雄教授来进行这个实验。

消息一经发出，全世界的物理学家都翘首以待，他们都无比盼望着吴健雄能通过实验得出一个或对或错的结论。泡利同样非常关心此次实验，不过他的内心非常肯定，杨振宁和李政道的猜想一定是错的，"宇宙守恒"这个法则是绝对不会动摇的。私下里，他不止一次对朋友们说："我不相信左右会不对称。我敢打赌，吴健雄的实验结果一定会得出左右对称的结果。我已经准备好一笔大赌注。"

可是让泡利吃惊的是，在 1957 年初，实验结果出来了：杨振宁和李政道的猜想完全正确——在弱相互作用的情况下，宇宙果然不守恒，左右果然不对称。

这个实验结果立即引起了物理学界的轰动，泡利也非常惊讶。

1957 年 1 月 27 日，他在给一位朋友的信中非常幽默地写道："幸亏没有人跟我打赌，否则我要输掉一大笔钱。现在，只损失了一点名誉，好在我的名誉够用，损失一点还没什么关系。"

尽管这个事情虽小，但是泡利这种发难和怀疑的精神一直到死都不曾更改。

对科学家来说，富有怀疑和批判精神是最基本的素质，即便是爱因斯坦也同样如此，而对于泡利来说，质疑和批判让他也获益良多。在科学研究的过程中，没有怀疑就没有创新。难能可贵的是，泡利不仅敢于怀疑权威，而且他将这种可贵的怀疑精神保持了一生。

时刻用质疑的目光去思考

质疑权威本身就是一种挑战，让权威下不来台的尴尬局面足以让很多人退避三舍，但泡利却不这样认为，他能够平视权威，敢于当面提出他心中的任何疑问。泡利并非永远都是对的，比如他对杨振宁、李政道教授提出的不守恒定律的质疑，泡利的怀疑就被证明是错的，但泡利敢于承认。泡利这种严谨、求实、不懈的科学精神，不在心中存留下一个问号，对任何规则、定理、证明都用一种质疑的目光去审视的精神值得我们现如今所有年轻人去学习。

或许在现实生活中，我们没有多少机会去质疑所谓的权威，但是在我们工作、学习的时候，也要时刻不忘这种带着质疑的目光去思考的精神。下面我们来看这样一个案例：

曾经有很长一段时期，美国华盛顿的杰斐逊纪念堂前的石头经历着严重的腐蚀，许多游客也纷纷抱怨，纪念堂的清洁维护部门为此大伤脑筋。按照一般的思路，最直接的做法就是更换石头。但这样做不仅需要花费大量的金钱，更重要的是会彻底改变纪念堂的设计原貌。对这个左右为难的问题，相关部门的领导都是一筹莫展，想不出什么好的办法来。

有一天，一个年轻的清洁工走进了主管经理的办公室，并且胸有成竹地说，他能解决这个问题。

经理心里很怀疑，一个清洁工能有什么方法呢？但碍于礼节，他还是问清洁工有什么办法。

清洁工平静地反问道："为什么石头会腐蚀？"

经理一听，心中不快，就爱理不理的回答："这还用说，当然是因为维护人员过于频繁地清洁石头。"

清洁工继续问道："那为什么需要这样频繁地清洁石头？"

经理已经开始觉得暴躁不已，他大声喊道："你没看见那些经常光临的鸽子们留下了太多的粪便吗？"

"那为什么有这么多的鸽子来这里？"

"这里有足够多的蜘蛛成为它们的晚餐。"

"那为什么蜘蛛都往这里跑呢？"

"每到黄昏的时候，这里有许多飞蛾。"

"那么，这里为什么会有这么多的飞蛾？"

两个人你来我往地询问、作答到这里，经理终于露出一副恍然大悟的样子，他回答道："哦，是黄昏时纪念堂的灯光把它们吸引过来了。"

通过这连续的发问，清洁工引领着经理找到了真正的原因。于是，经理立即命令推迟纪念堂的开灯时间。这样一来，没有了灯光，就没有飞蛾；没有飞蛾，蜘蛛就不会来；没有了蜘蛛，鸽子自然会去其他地方觅食；没有了鸽子，也就没有了粪便，更不需要清洁工过分频繁地清理石头。这样一个微不足道的改变不但解决了问题，还节省了一大笔开支。

清洁工并没有因为经理不耐烦的态度而改变自己的发问，或者有人

会觉得奇怪，为什么清洁工不直接告诉经理该如何去做，而是要采用这种方式，如果经理当天心情不好，或许就不是这个结果了。其实清洁工正是让经理自己找到了答案，如果他非常直接地告诉经理，每天晚上推迟开灯的时间就能改变这个现象，或许经理反而会觉得不可信。

可以说，积极思考是现代成功学非常强调的智慧力量，也是行动的重要前提。多问几个"为什么"就可以有效地引发更为积极的思考。作为青少年的我们，或许不需要去研究大的物体，但学习中的问题一定要解决掉，不懂就问，且要善问。正所谓，成长是一个过程，一定要让思想插上翅膀。大自然赐予了我们想象，它是基石，垫高了我们正向前方的脚，当我们把为什么变成惊叹号，当我们无畏地闯进来大自然的怀抱，成长的轨迹就向未来伸展成有利的形状。

第 3 章

突破传统模式——创造力

想法如何，本身并不重要，因为再好的想法也是建立在行动的基础之上的。一个完美的想法，只有在被执行之后才会真正具有价值。好时机不是等来的，而是在实际行动之中创造出来的。如果你有一个不错的想法，那就为它做点什么吧。如果自己不行动起来，那么这个想法就永远不会实现。

第一节　创造死于习惯

生活中充斥着司空见惯的习惯，它们约束着我们的思维，敢于对这种"司空见惯"来一点改变，奇迹便会发生了。

打破习惯，创意便生生不息

爱因斯坦说过："天才的思维都是直观的……我思考问题时，不是用语言进行思考，而是用活动的跳跃的形象进行思考。当这种思考完成以后……把它们转换成语言。"

"创意死于习惯"蕴含了这样一条真理：顺从习惯，创意便死水一潭；打破习惯，创意便生生不息。

习惯要求人重复一切，就像钟表的走针，周而复始地围着一个轴心旋转，而创意就是要打破这种固有的习惯，突破常规。如果一个人做任何事情都有一定模式，照着习惯去执行，那么他的创意必定少之又少。

曾经有研究数据表明：100％跟着习惯走的人——创意为零；90％跟着习惯走的人——具有10％的创意思维；70％跟着习惯走的人——具有30％的创意思维；50％跟着习惯走的人——具有50％的创意思维；10％跟着习惯走的人——具有90％的创意思维。由此不难看出，创意死于习惯，绕开习惯走一走，创意就会有如泉涌。

曾经有一个火车站常在雨天通过广播提醒旅客："请各位旅客不要忘记自己的雨伞。"但是，收到的效果却微乎其微。有一天，头脑灵活的广播员换了一种表达方式来广播："到目前为止，我站收到遗留在火车上的雨伞已达到3000余把，请各位旅客留意。"果然，旅客遗忘雨伞的情况明显减少。

通过改变论述方式来达到良好收效的不仅仅是这家火车站，另一家植物园也同样如此。在植物园内，常常会有游客折花的现象，虽然在园内到处都竖立着告示牌劝诫游客：凡折花者，罚款 10 元。但依然有一些不听劝告的"爱花族"我行我素。一位管理人员改变了标语：凡举报折花者，奖励 10 元。就是这样小小的改变让很多折花者望而却步，因为过去折花只需防范管理人员，而现在，所有的游客都有权利举报，于是乎花木自然躲过了一劫。

上述两个案例不过是在语言表述的习惯上做了一点小调整。如果是广开视野，在诸多习惯上都进行创新，就会产生非常多奇妙的结果。

以前，有一位习惯用右手作画的画家突发奇想，如果用左手来绘画，不知道会收获什么效果呢？于是他开始尝试着用左手作画，经过一段时间的练习之后，他惊喜地发现，因为左右手的易位，竟然打破了许多传统的条条框框，大胆奔放，笔笔到位，妙趣横生，整个画面都被赋予了新的生命力，率真又自然。

另一位大画家毕加索也通过打破常规认知来获得了新的艺术灵感。古往今来，大众的认知都是鸟在天上飞，鱼在水中游，他却不理睬这一套。在名画《和平》中，鸟在鱼缸里，鱼却被困在鸟笼中。有人问他这幅画究竟有何寓意？毕加索的解释是：在和平时，什么事都有可能发生。他以新颖的创意诠释了和平的真谛。

既然我们已然知晓"创意死于习惯"，那么我们在思考问题的时候就应该自觉地避开习惯，让创意随意去来吗？答案当然是否定的。习惯既然能够称之为习惯，就必定是长期积累而成，想要摆脱习惯绝非是简简单单就能做到的。再者，习惯穿鞋走路之后，一旦脱掉鞋子，赤脚走路，就需要忍受沙石硌脚的刺痛——所以，想要改变习惯必然要付出一定的代价。

有破才能立

哥伦布磕破了鸡蛋之后，将鸡蛋立在桌子上，很多人都会认为，这是一件很简单的事情。的确，生活中有很多创新，事后看来都并不复杂。但正如哥伦布所说，很多事情"任何人都可以做到——只是在有人做了以后"。

在我们的工作与生活中，常常会遇到一些既复杂又棘手的难题。如果我们犹豫不决，不知该如何是好，很可能就会错失良机。这时候，就需要我们开动脑筋快刀斩乱麻，沉着应对，有破才能有立。就好比哥伦布立鸡蛋一样——首先要在脑海中树立打破常规的想法。

1492年10月，探险家哥伦布发现了美洲新大陆，这个消息让很多人非常兴奋。待哥伦布回到西班牙的时候，他受到国民的热烈欢迎，国王也在皇宫内设宴盛情款待他。然而，因为备受关注和获得较高的声望，一些王公大臣和贵族对哥伦布都产生了嫉妒心理，所以他们决定在宴会上要哥伦布出糗。果然，国王招待的时候，就有人对哥伦布说："你发现了新大陆，可我看不出这有什么值得大惊小怪的。任何一个人都可以去发现，不过是再简单不过的事了。"

哥伦布听了，并没有说什么，他起身取来一只鸡蛋，对在座的宾客说："先生们、女士们，你们当中有谁能够把这个鸡蛋立起来？"

在场的很多人都跃跃欲试，试图把鸡蛋立起来，但是结果显而易见，任何人都没能做到这一点。此时，哥伦布把鸡蛋接过来，轻轻一磕，让鸡蛋表面形成一个凹陷，就稳稳地竖立在餐桌上了。接着，他以极平静的语调说："这是再简单不过的事情了，任何人都可以做到——只是在有人做了以后。"

哥伦布并非想要炫耀什么，只是想通过这件事情告诉那些贵族，其实创新也是一件看起来非常平常的事情，但真正困难的是在于你是否能够想到。中国古代也有一个与之相类似的故事。

南北朝时期，高欢担任东魏孝静帝的丞相。有一次，他想试试自己的几个儿子当中谁最聪明。于是就给每人各发了一把乱麻，看看谁整理得最快、最好。

于是几个儿子都拿着一把乱麻开始整理。首先，他们把乱麻一根根抽出来，再一根根理齐，这可是个大工程，想快都快不了。没过多少时间，就一个个急得手忙脚乱，大汗淋漓。这时，只见其中一个儿子——高洋找来一把快刀，对着乱麻连砍数刀，乱麻应声斩断，他根本不理那些纠缠不清的乱疙瘩。

高欢看到之后就问他："怎样弄得如此整齐？"

高洋回答道："乱者必斩！"

听到儿子有这样的见解，高欢非常高兴，并且认为他日后必将出人头地。果然，高洋后来篡夺了孝静帝帝位，成就了自己的一番业绩，史称北齐文宣帝。

在 19 世纪的美国，也曾发生过一件类似的事件，所运用的方法同样是通过打破常规来取得成功。

菲尼斯·巴纳姆是游艺场中最富创意的游艺节目演出经理。有一天，他的朋友看见他让一头大象在游艺场的空地上耕地，感到非常不可思议，就对他说："你怎么能用大象干农活呢？干农活应该依靠耕牛，养一头大象的费用多贵啊，你这样做真是得不偿失。"

在他的朋友看来，耕地只是牛适合做的，大象不该用来耕地。

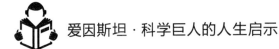

但是巴纳姆却坚持说："大象可比耕牛最适合干农活。"为此，两个人进行了一番激烈的争论，最后，那位朋友仍然没有说服巴纳姆。

在朋友临走前，巴纳姆笑着说："大象做农活，我同样看重它能带来的经济价值，因为它能轻松地为我们游艺场拉来 2000 万美国人的好奇心。"

果不其然，巴纳姆最终用事实证明了自己的做法是对的，耕地的大象为他的游艺场赚来了大笔的财富。

由此可见，如果我们不能充分利用创新思维的方法，破旧立新，就无法取得成功。要想从众人中脱颖而出，你就得拥有别人所没有的勇气和胆量。不要被所谓的规矩束缚了手脚，规矩是为庸人而设的。

第二节　打破条条框框的束缚

只有勇于走进某些禁区，你才能够采摘到丰硕的果实。打破条条框框的束缚，勇为天下先的精神正是开拓者的风貌。

勇闯禁区才能采摘到丰硕的果实

一个人如果拥有了良好的个性，那么在工作上就必会有所表现、突破，不管在哪个部门都是别人急于网罗的对象。假设某人总是待在同一个地方，那么就会陷入一个怪圈——容易守旧，丧失创造力，也会成为他人的包袱。假设你是只想过非常简单而又平凡的生活，你绝对有权利可以维持现状，但如果你是想更上一层楼的人，就要奋力去争取每个升迁机会。

在某个公司办公楼的八楼有一间没有门牌的房间，整个公司除了老总之外，没有一个员工知道那个房间里有什么，他们从未进去过，因为总经理在每个员工刚来的时候都对他们说过这样一句话："任何人不得进入该房间！"但是他却没有给任何解释。

这一天，总经理又对一批刚进入公司工作的员工交代了规矩。

其中有个年轻人小声嘟囔着："为什么？"

总经理看了他一眼，说道："不为什么。"

回到工作岗位上后，这个年轻人一直都很好奇，究竟那个办公室里放了什么呢？他决定要去弄个明白。中午下班后，其他员工都出去吃饭，但他没有去，而是来到了八楼。结果他发现这个房间根本没有上锁，推开门进入之后，他看到房间的中央有张桌子，有一张杂志大小的纸牌放在上面，纸牌上写着："把纸牌送给总经理。"

他觉得这件事情太奇怪了，就去问其他同事，同事们都觉得这肯定是老总的一个陷阱，纷纷劝他不要给自己惹麻烦，赶紧把纸牌放回桌子上。这个年轻人却没有，而是径直奔向总经理办公室。第二天，年轻人坐在了公司销售部经理的位置上。

对于任何一个公司来说，员工能够具备打破常规的勇气，这本身就是一个公司需要的独特品质。当然，这种打破常规的勇气并不仅仅能够换来锦绣前程，同样还能换来财富。

有 3 个年轻人，他们相约一同结伴外出，寻求发财的机会，他们一路来到了辽南地区，这里盛产苹果。一次偶然的机会，他们在偏僻的山镇里发现了一种又红又大、味道香甜的苹果。但是因为地处山区，信息和交通都非常闭塞，所以这种优质苹果只在当地销售，并且售价低廉。

第一个年轻人立刻倾其所有，购买了10吨最好的苹果，运回了自己的老家，以比原价高两倍的价格出售，然后又返回、购买和销售。如此这样往返数次，他成了老家里第一个万元户。

第二个年轻人花费了一半的钱，购买了100棵最好的苹果苗，运回老家，并且承包了家乡的一片山坡。接下来的整整三年时间，他都精心看护果树，浇水灌溉，却没有一分钱的收入。

第三个年轻人看着这些苹果，陷入了深思。一连几天，他都围着果园东走走，西看看。最后，他找到果园的主人，提出想买一把泥土。主人随手捧了一把放在塑料袋里交给他，只收取了1元钱。后来，他带着这把泥土返回家乡，并且把泥土送到农业科技研究所，化验分析出泥土的各种成分、湿度等因素。然后，他承包了一片荒山坡，同样花费了整整3年的时间，开垦、培育出与那把泥土一样的土壤。然后，他在上面栽种上苹果树苗。

转眼间，10年过去了。这三位年轻人各自的命运迥然不同——第一位购买苹果的年轻人依然还在往返运送苹果的途中，可是因为当地信息和交通已经逐渐发展起来，导致竞争者太多，所以他每年赚到的并不多；第二位购买树苗的年轻人现如今已经拥有自己的果园，可是因为土壤的不同，长出来的苹果并没有那么出色，尽管仍然能赚到很可观的利润；第三位购买泥土的年轻人，也是最后拥有并收获苹果的人，他种植的苹果质量上乘，到了每年秋天都能引来无数竞相购买者，并且总能卖到最好的价格。

其实，这样的结果非常公平。在一定时间内，最先发现商机的人赚钱也最多，但如果把时间放大，排序却正好相反。

找出漏洞，让问题不攻自破

孔融是东汉末年著名的文学家，他从小就聪明过人，并且很有礼貌。"孔融让梨"的故事早已家喻户晓，被后人传为美谈，但"孔融巧思分梨"的故事恐怕很少有人知道。

有一天，孔融吃过午饭，就钻进书房刻苦读书去了。这时家里的老管家走进来说说："在外地的伯伯、叔叔、婶婶和六个堂兄妹都来了，夫人叫你到前厅去见客。"孔融听了之后立刻高兴地跑了过去。

为了招待客人，母亲命人端上一盘梨，但是盘子上只有六个梨，母亲让孔融把鸭梨分给几个堂兄妹吃。

正当孔融要分的时候，父亲叫住了他说："等一等，你给堂兄妹分梨，每个人一个，而且盘子里还要留一个，你能不能做到？"

父亲知道孔融是个聪明的孩子，想借机让他展示一下自己的聪明才智，可谁知题目太难，反倒把孔融给问住了。几位在座的长辈都认为这简直是一道难题了，就连他们都不能办到，更何况是一个年仅六岁的孩子呢？

孔融低头思考了一下，突然间就想到了，他拿起盘中五个梨分别递给五位堂兄妹，这样，就有一只梨留在了盘中，完成了父亲第二个要求。可还有一个堂妹没有分到梨，于是孔融把剩下的一只梨子连同盘子一起递给了这个堂妹。

其实，父亲的题目可以分做两个要求来看，一个是将六个梨分给六个兄弟姐妹，另一个是要求剩一个梨在盘子里，很多人都会局限性的认为这两者之间会有关联，但其实父亲的要求里根本就没有提出。其实孔融正是抓住了这个问题的漏洞。任何看似不可解答的问题都是有漏洞的，只要抓住了这个漏洞，问题就会不攻自破。

第三节 敢于突破"经验"

在很多时候，新思路就在你的面前，只不过要有发现思路的眼光，而不是一味地抱怨思路难以打开。

完全被"经验"所束缚，就会被"经验"所害

爱因斯坦在 1901 年 7 月 8 日写给温特勒的信中说："对权威的愚忠是真理最大的敌人。"他晚年的《论内在自由》一书与其早年对思想自由的这种向往是一脉相承的：科学的发展以及一般的创造性精神活动的发展，除了外在自由还需要另一种自由，这可以称之为内在的自由。这种精神上的自由在于思想上不受权威和社会偏见的束缚，也不受一般违背哲理的常规和习惯的束缚。

只有不断地、自觉地争取外在的自由和内在的自由，精神上的发展和完善才有可能。由此，人类的物质生活和精神生活才有可能得到改善。

爱因斯坦的思想向我们诠释出了这样一条真理：何为经验？就是指能从实践中获得的知识和体验，它往往会对我们有所帮助，可是如果不管在什么情况下只是一味地抱着"经验"不放，完全被"经验"所束缚，那么就很可能就会被"经验"所害。

在海洋中常常会遇到各种灾难，有一艘远洋海轮不幸触礁，沉没在汪洋大海里，唯独幸存下来的 9 名船员拼死游到了一座孤岛上，才幸免于难。可是他们接下来要面对的情形更加糟糕，这座孤岛上除了石头之外一无所有，甚至没有任何可以用来解渴充

饥的东西，最要命的是，在烈日的曝晒下，他们每个人都唇焦舌燥，身体极度缺水，这样下去只能是死路一条。

在他们四周有很多的海水，可每个人都知道，海水又苦又咸，喝了反而会使更加口渴，根本不能饮用。渐渐地，其中有八个船员相继死去。而最后一位船员也渴得无法支撑下去了，他实在无法忍受就冲进了海水里，"咕嘟咕嘟"地喝了一肚子。可是他突然发现，这海水并非是又苦又咸，相反是非常甘甜。

后来人们经过化验才发现，因为这里有地下泉水的不断翻涌，所以岛边的海水实际上全是甘甜可口的泉水。

可是正是他们固有的认知，认为"海水是咸的"，所以，他们并没有去尝试海水是否能喝。可以说被渴死的那 8 名船员是被"固定认知"和所谓的经验害死的。这个故事告诉我们，敢于突破"经验"，才有生存和成功的希望。

要创新，就要突破传统思维

曾经，一家鞋业制造公司派出了两个业务员去开拓市场，希望能够借此开创一个良好的市场局面。

有一天，甲、乙两名员工来到了南太平洋的一个岛国，这个地方平时很少与外界接触，所以非常落后。他们发现，在这个岛国里竟然没有一个人穿鞋。

甲的想法是，这里竟然没有一个人穿鞋，所以他们根本没有穿鞋子的习惯。于是他很想当然地认为，这里根本就没有市场。而乙却认为，这里的人都不穿鞋，将会成为他们公司接下来最大的市场之一。因为认知的差异，甲乙选择了不同的方式去对待，甲离开了，乙留下来。结果显而易见，一年之后，岛国上的居民都穿上了鞋子，这里成为公司一个很大的市场。

事实上，在很多时候，新市场就在你的面前，只不过看你是否拥有发现市场的眼光，而不是一味去抱怨市场难以开拓。

关在人工鱼池中的一头小虎鲨，尽管它没有自由，却不愁猎食，每天研究人员会定时把食物送到池中。

研究人员做了一个实验：他将一块玻璃放入池中，把水池分隔成两半，可是小虎鲨却没有任何反应。紧接着，研究人员把活鱼放到玻璃的另一边，小虎鲨发现食物之后立即冲了过去，可是却撞到玻璃，但是它毫不气馁，继续"捕食"，继续撞在玻璃上。反反复复几次之后，小虎鲨在池底非常安静，再也没有轻举妄动。

后来，研究人员把玻璃拿走。再放入活鱼，这些鱼就在池子里游来游去。可是小虎鲨看着到口的鱼食，却再也不敢去吃了。

其实我们也很容易像小虎鲨一样，被过去的"经验"所限制、所束缚。我们打这样一个比方：由两个阿拉伯数字"1"组成的数字，最大的是多少？大家很快就回答出"11"；3个"1"所能组成的数字，最大的是多少？是"111"；再问：由4个"1"所能组成的最大的数是多少？恐怕很多人也会按照先前的思路，很快回答说是"1111"。但正确的答案并非如此：由4个"1"所能组成的最大的数是"11"的"11"次方。

有时候，传统经验能够给人们思考问题的时候带来很多好处：它能节省许多摸索、试探的思考步骤，让我们年轻人不走或少走弯路，大大缩短思考的时间，提高思考的效率，还可以让思考者在思考过程中感到驾轻就熟、轻松愉快。不过我们也要清醒地认识到，传统经验却不利于创新思维；要进行创新，必须突破传统思维。

第四节　逆向思维带来无限机遇

当一件东西已没有什么卖点的时候，用反向思维来促使事物发生那么一点点变化，就会是一个新的突破。

用逆向思维出奇制胜

逆向思维是一个很大的概念，有广义、狭义之分：从广义上来看，但凡是对人、对待事物不是以约定俗成认知的顺序去思考，而是按照相反的方向去思考的形式都可以称之为逆向思维；而从狭义上来讲，逆向思维是指对司空见惯的，似乎已经成为定论的事物或者是观点反过来思考的一种思维方式。

有这样一个问题：如果在一间水泥地面的空屋子里，水泥地面上垂直埋放了一根一尺左右长的底端封闭的钢管。这根钢管内径略大于一只乒乓球的外径，恰好有一只乒乓球落在钢管的底部。那么，你拥有下列工具：50米长的晒衣绳；一把木柄铁锤；一把凿子；一把钢制锉刀；一只金属晒衣架；一个电灯泡。接下来，你要完成的工作是将乒乓球从钢管中取出，但是不准弄坏地面、钢管和乒乓球，并且要将时间限制在5分钟内，列出你能想到的所有解决办法。

这是一个比赛中的问题，参赛第一队伍想到的解决方法是：用锉刀把金属衣架锉断，然后将断开的两端磨平，这样就做成了一把大镊子，可以用大镊子把乒乓球夹出来。而第二队的解决方法是：用锉刀把铁锤的木柄锉成木屑，再将这些碎木屑慢慢填进钢管，使乒乓球一点点地"浮"上来。

其实，这两队想到的解决方法都非常新颖，却并不是最简便的，也不是最有创造力的。最简单的方法或许有些难以启齿，就是往钢管里小便，这样根本不需要任何辅佐工具就能使乒乓球浮上来。可是却很少有人能够想到这个方法，因为我们面对问题的时候，会被允许使用的辅佐工具所误导，大家的思维方式也都局限在这些辅佐工具该如何运用上。

美国艾吉隆公司的董事长布希耐常常到郊外散步，有一次，他看到几个小女孩正在玩一只非常肮脏和丑陋的昆虫，并且都玩得爱不释手。看着她们开心的样子，布希耐顿时灵机一动。现在在玩具市面，所销售的玩具都是漂亮的，如果生产一些样貌丑陋的玩具，市场又会如何反应呢？于是他马上叫手下的人研制出一批"丑陋玩具"，投向了市场。很快，这些"丑陋玩具"就给公司带来了巨大的经济效益，让同行们眼红不已。

这个故事说明：当一件东西已没有什么卖点的时候，如果反其道而行，就能促使事物发生那么一点点变化，也会形成一个新的突破。

如果能够合理运用逆向思维思考和处理问题，那么我们很容易实现以"出奇"达到"制胜"的目的。所以，逆向思维的结果常常会令人大吃一惊，喜出望外，别有所获。

在一个动物园内的露天剧场上，一个戴着绒球帽、红鼻子的小丑正在进行表演，忽然听到身后传来令人丧胆的巨吼声。小丑回头一看，竟然是狮子从笼子里跑了出来。

台下观众看到狮子，都惊叫着朝园区大门奔跑。被这场骚乱影响后，狮子凶性大发，在人群中奔跑、撕咬，伤了许多人，直到园区的警察匆忙赶来之后持枪射死了狮子，才使这场可怕的意外事件平息下来。

可是，很快大家就发现，小丑不见了，他的同事都非常担心他是不是被狮子吞下去了，后来终于在一个大家都没有想到的地方找到了他。

原来当大家都拼命往大门外跑，他却反方向往狮子笼跑，人们找到他的时候，他正缩在关着门的狮子笼里惊吓得打哆嗦呢！

逆向思考绝对不仅仅是凭着直觉，更是一种很周密的思考方式。只要习惯性运用逆向思维，当我们遇到特殊状况，解决方法就会迅速地闪现在脑海里，这就是我们经常提到的"机智"。

学会换个角度思考问题

在激烈的市场竞争中，想要突破常规思维的束缚，有意识地运用与传统思维和习惯背道而驰的逆向思维方法，便能够取得意想不到的效果。罗丹曾经这样说："我们不是缺少美，而是缺少发现。"所以我们最大的难题不是缺少机会，而是缺少发现。做一个有心人，有时别人不经意的一个发现却能够成为你创造的契机。

在现实生活中，有太多成功人士都有一个善于思考的头脑，甚至在很多时候，我们会认为他们的思维不可思议，可正是这些看似不可思议的思维，造就了一个又一个非凡的成就。

温度计的发明正是这类逆向思维的一个成果。

大约在300多年前，医生就发现，人在生病的时候，体温会升高，可是如何准确地测出体温，作为诊断的参考，却没有一个好的解决办法，为此，医生们求教于大科学家伽利略。

伽利略听完之后，根据自己的想象设计了一个又一个方案，却没有一个能够解决难题。有一天，他正在给学生上实验课，题目是热胀冷缩。他向学生们提问：水温升高、特别是沸腾时，为什么会在容器内上升？学生们就回答：水加热，体积会膨胀；水冷却，体积会缩小，这样水就会在容器中上升或下降。

突然间，伽利略产生了灵感：水的体积随着它的温度发生变化，反过来，从水的体积的变化，不也就能测出水的温度变化了吗？

于是他在一根细玻璃管里装上水，抽出空气后加以密封，并在管壁上刻上刻度。就这样，世界上第一支体温计就问世了。

人们解决问题时常会遇到瓶颈，这是因为人们只停留在同一角度思考问题造成的。假设我们能换一换思考角度，情况就会改观，创意或许就会喷薄而出。切记，任何思想只要能转换视角，就会有新的创意产生。

打个比方：一个人有100％的机会赢80块钱，而另一个人是拥有有85％的机会赢100块钱，却有15％的机会什么都不赢。在这两种情况下，很多人都会选择最保险安稳的方式选择80块钱，而不愿冒一点险去赢100块钱。那么反过来设定这个问题，一个人有100％的机会输掉80块钱，另外一个可能性是有85％的机会输掉100块钱，同时有15％的机会什么都不输。在这个设定下，人们又都会选择后者。

这个例子让我们明白一个道理：平时人们之所以无法进行创新，或不敢创新，常常是因为从惯性思维出发，导致我们顾虑重重，畏首畏尾。反之，一旦把同一问题换一个角度来考虑，就会发现很多新的机会、新的成功。

许多最有创意的解决方法都是来自于换一个角度想问题，甚至于最尖端的科学发明同样如此，正如爱因斯坦所说："把一个旧问题从新的角度来看需要创意的想象力，这成就了科学上真正的进步。"

第五节　学会立体思考

世界上的事物都不是孤立存在的，它们相互具有一定的联系。我们在事物千丝万缕的联系网络中思考问题，就容易找出事物的本质，从而拓宽创新之路。

让思维横冲直撞一下

被认为是继牛顿之后英国最伟大的科学家之一的卡文迪许，他在思维上有一个宝贵的财富：没有固有的概念、成规的限制，敢于横冲直撞，想到就做，敢闯敢试，所以他才能第一个称出地球的重量。

其实，众多科学家在完成自己的伟大学说和理论之前，都有固定认知困扰着他们：比如，在爱因斯坦发现相对论之前，牛顿的万有引力似乎"完美无缺"，在哥白尼之前，"地心说"统治着天文学界。大众的认知因为有了一个现成的结论而变得循规蹈矩。后来，哥白尼和爱因斯坦敢于突破这种认知才完成了新的研究。所以，我们同样要让思维在自由的原野上"横冲直撞"一下。

地球是人类赖以生存的家园，人类早就渴望了解地球的身世，想知道地球的模样，包括它的半径与重量。但在很长一段时间里，这个研究都是一片空白。古希腊科学家曾用巧妙的方法测量出了地球的半径大约有 6400 多公里。那么地球的重量又是多少呢？

地球如此巨大，如此沉重，如果用普通的秤来称出地球的重量，那简直是天方夜谭。第一，世界上根本就不可能拥有一杆能称得起地球的巨秤，况且谁也无法制造秤得起地球的秤来。第二，就算有这样一杆秤，又有谁能像在菜市场上称水果、蔬菜那样称出地球的重量？就算是有一个力大无穷的人能做到这一点，他也不可能站在地球上称地球吧？所以想要通过这个方法来测量地球的质量是绝对不可能实现的。

正因为有了重重困难，所以很多科学家在碰到地球的重量这个问题时，不是绕过去，就是掉头而返。他们不是不想知道，也不是没有做出过努力，可是在众多次碰壁之后，他们得出了一个结论：人类暂时还没有能力称量地球。

1750年，英国19岁的科学家卡文迪许向这个难题发起挑战。当时的他还是个毛头小伙子，他不知道别人为这个问题伤了多少脑筋，也不知道大家曾经试用了什么方法。正所谓初生牛犊不怕虎，当然，这只是一个比喻，可是不得不承认的是，他的思维没有顾忌和阻碍。

在思维的冲撞中，卡文迪许想到利用牛顿的万有引力来完成自己的实验。根据万有引力定律，两个物体间的引力与两个物体之间的距离的平方成反比，与两个物体的重量成正比。也就是说，这个定律为测量地球提供了理论根据。卡文迪许想，如果能知道两个物体之间的引力、两个物体之间的距离，只要其中一个物体的重量，就可以计算出另一个物体的重量。

他的设想在理论上是完全成立的。可是实际测定中，就必须先了解万有引力的常数K。当时还不知道这个常数的值，这样，即使其他几个因素的数字都知道了，也难以计算出地球的重量。所以，要称地球重量，必须先测出引力常数。

卡文迪许并没有气馁，他先是通过两个铅球测定它们之间的引力，并且计算出引力常数。可是，两个普通物体之间的引力非常小，并不容易精确地测出。想要精确地测出它们之间的引力，必须使用很精确的装置。在当时，人们测量物体之间引力装置是弹簧秤，不过这种秤的灵敏度太低，根本无法达到实验标准。

卡文迪许开始改良测量引力装置，他利用细丝转动的原理设计了一个测定引力的装置，只要将细丝转过一个角度，就可以计算出两个铅球之间的引力，然后把引力常数计算出来。然而，这个方法并没有成功，因为两个铅球之间的引力太小了，细丝扭转的灵敏度还不够大。这就要求他必须将灵敏度进一步提高，才能测出两个铅球之间的引力，计算出引力常数。

后来，卡文迪许为这个问题绞尽了脑汁，想了好几种办法，但是，结果都不怎么理想。

有一次，他正在思考这个问题的时候，突然看到几个孩子在做游戏。其中有一个小孩拿一块小玻璃在玩着光斑的游戏——将小镜子对着太阳，把太阳光反射到墙壁上，产生了一个白亮的光斑。这是当时非常普遍的一个游戏，很多小孩子都玩过。卡文迪许看到这里，猛然想到，这不就是一个距离的放大器吗？灵敏度不可以通过它来提高吗？

这个突然间的发现让卡文迪许受到启发。他在测量装置上也装上了一面小镜子，每当细丝受到另一个铅球的微小的引力，小镜子都会偏转一个很小的角度，这样一来，小镜子反射的光就转动到一个相当大的距离。利用这个放大的距离，就能很精确地知道引力的大小。

卡文迪许通过这个放大的装置精确地测出了两个引力常数，再次测出一个铅球与地球之间的引力之后，他根据万有引力公式，很快就把地球的重量计算出来了。就这样，卡文迪许第一次称到了地球的重量。

人们开始用陌生而又敬佩的眼光打量着这个野性十足的年轻人，同时大家也在思考这样一个问题——为什么年轻人能够跑到众多科学家的前面？后来，大家得出这样一个结论——卡文迪许的思维有一个最宝贵的特质，即没有固有的概念、成规的限制，敢于横冲直撞，想到就做，敢闯敢试。

"立体思考"收获良多

若干年之后,一个实验让人们对"立体思考"四个字有了新的认识。

美国康奈尔大学的威克教授做了这样一个实验:他把几只蜜蜂放进一个平放的瓶子中,将瓶底朝光;蜜蜂就会向着光亮不断冲击,不断碰壁,然后它们会不约而同地停在光亮的一面;然后他又将放在瓶子里,时间不久,所有的苍蝇都掉头从瓶口飞出去了。原因是苍蝇多方尝试,最终改变了自己的方向,尽管也免不了多次碰壁,可总会飞出瓶颈,从瓶子中逃出。威克教授由此总结说:"横冲直撞要比坐以待毙高明得多。"

"立体思考"并不仅仅适用于科学研究领域,在其他方面同样重要,下面我们来看看这样一个小故事:

一位犹太富豪走到银行的贷款部前,举止得体地坐下来。

贷款部经理先不着痕迹地打量来者的穿着打扮:名贵的西服,高档的皮鞋,昂贵的手表,还有镶嵌着宝石的领带夹子……这显然是一位很有实力和修养的人。于是他小心翼翼地问道:"请问先生,您有什么事情需要我们服务吗?"

富商回答:"我想借点钱。"

经理面带微笑地点头:"完全可以,您想借多少呢?"

"1美元。"

贷款部的经理惊愕地问道:"只借1美元?"

"我只需要1美元。可以吗?"

尽管诧异,但是经理依旧保持着自己的职业操守,他回到道:"当然,只要有担保,借多少,我们都可以照办。"

犹太人里从豪华的皮包里取出一大堆股票、国债、债券等放在桌上:"这些作担保可以吗?"

经理清点了一下，然后说道："先生，总共 50 万美元，做担保足够了。请您到那边去办手续，年息 6%，只要您付出 6% 的利息，1 年后归还，我们就把这些股票、国债、债券等都还给您。"

就这样，犹太富豪办完手续，便从容离去。

这个奇怪的举动引起了一直在一边冷眼旁观的银行行长的好奇，为了了解清楚，他便追了上去："对不起，先生，可以问您一个问题吗？"

犹太商人点了点头。

"我先自我介绍下，我是这家银行的行长，可是我很好奇，你拥有 50 万美元的家当，为什么只借 1 美元呢？"

犹太商人笑了笑说："其实我是来这里办事的，可是随身携带这些债券很碍事，也不安全。我曾经到过几家金库去询问租用保险箱的价格，租金都很昂贵。我知道你们银行的保安很好，所以将这些东西以担保的形式寄存在贵行了，况且利息很便宜，存 1 年才不过 6 美分。"

既有头脑又有金钱的人是幸运的，因为他可以用头脑支配金钱。只有金钱而没有头脑的人才是不幸的，因为他的头脑要被金钱所支配。正应了那句话："文无定体，商无定市。经商斗智，善谋者胜。"

第六节 奇思妙想，两全其美

创新思维，就是创造新事物或新的解决问题的思考方法，具备了它，我们才有成功的出路。

用创新去构思

想要真正发挥出自身的潜能，我们必须有创新的思维。只有具备了创新思维，我们才拥有成功的出路。

提到创新这个词，人们往往会联想到"发现"和"发明"。在大家的认知里，创新就等同于找到新的事物，发明了从未有过的东西。其实这只是创新的其中一方面。在历史的长河中，创新是无时无刻、无人不能的事情。总体来说，创新既包括发明创造、发现，也包括生活中、工作中解决问题的方式方法，甚至还可以包括看待问题的新角度。所以，我们不要局限在对创新的错误认知里，其实创新的范围很广泛，量子物理是创新，发明原子弹是创新，特殊广告是创新，甚至做菜时的搭配、调味也是创新。

麦克是一家大公司的高级主管，他因为一个大麻烦而左右为难：一方面，他非常喜欢自己的工作，也很喜欢伴随工作而来的丰厚薪水；另一方面，他却非常讨厌他的老板，在过去他总是强迫自己去忍受，但是随着时间的推移，他发觉自己已经到了无法忍受的地步了。在经过慎重思考之后，他决定去猎头公司重新求职，猎头公司告诉他，以他的条件，想要找一个类似的工作和职位非常容易。

麦克回到家中，把这一切都告诉了他的妻子。他的妻子是一个老师，那天刚刚在课堂上教导学生如何重新界定问题，也就是把你正在面对的问题换一个角度去思考，把正在面对的问题反转过来看。妻子听完麦克的抱怨之后，就把上课的内容讲给他听，这给了麦克很大的启发，他脑中浮现出一个大胆的想法。

第二天，他又来到猎头公司，这次他是请猎头公司替他的老板找工作。没过多久，他的老板接到了猎头公司打来的电话，请他去别的公司高就，并且那家公司给老板开出非常优渥的薪水待遇。正好这位老板也厌倦了自己现在的工作，经过一段时间的考虑，他便接受了这份新工作，从而离开了麦克的视线，也不再成为麦克的困扰。

在这个故事中，麦克原本是想替自己找一份新的工作，让自己躲开厌烦的老板，但他太太的一个创新思维使他达到了意想不到的结果，轻易地摆脱了困境。

奇思妙想，超越对手

在现实生活里，我们也可以这样做，只有从创新入手，才能脱颖而出，超越对手；在商业上，创新思维就是创造财富的新生产力，更值得大家关注。

几乎所有成功的企业家都非常重视创新思维，因为他们正是凭此创造了不少的奇迹。美国人尤伯罗斯就是这样一个靠创新思维开创奇迹的人。

在 1984 年之前，奥运会已经成功举办了 22 届。以往哪个国家举办奥运会，哪个国家就需要投入大量资金，然后造成本土资金严重不足。比如 1980 年莫斯科奥运会就赔了 90 多亿美元。但是，1984 年的奥运会却扭亏为盈，获利数亿美元。这一切就是通过尤伯罗斯创新思维所带来的结果。

在尤伯罗斯年轻的时候，他是洛杉矶一家公司的总裁。1962 年，他创办了一间旅行社，并且逐渐扩大旅行社的规模。尤伯罗斯正是借助这些丰富的经历和杰出的创新之举，在他的组织之下出色举办了第 23 届奥运会。

他创新的根本就是创新政府主导的运营模式。鉴于其他国家举办奥运亏损的前车之鉴，洛杉矶市政府在得到主办权后就作出这样一项史无前例的决议：第 23 届奥运会不动用任何公用基金，所以而开创了民办奥运会的先河。

在没有国家拨款的情况下，尤伯罗斯依靠自筹资金的方式，却一改过去许多国家因举办奥运会就要耗费巨资，甚至债台高筑的局面：

一方面，尤伯罗斯招募了大量的志愿者，高峰时期参与的志愿人员竟多达 7 万余人。这是美国历史上和平时期所能动员起来的志愿者人数最多的一次，大大节约了资金的使用。

另一方面，尤伯罗斯一改历届奥运会商业赞助的方法，他提出，奥运会主办者只挑选实力强大的赞助商，并且要设立门槛，赞助金额不得低于 500 万美元，而且不许在场地内包括其空中做商业广告。这些苛刻的条件并没有阻挡赞助商的人情，反而刺激了赞助商的竞争，上千家赞助商候选者为了显示出自身的强大实力，竞相开出了天价般的赞助费。

再者，奥运会最大的收益来自于独家电视转播转让，美国广播公司以 2625 亿美元夺得电视转播权。紧接着，通过强大的广告宣传和新闻炒作，门票收入也取得了历史上最好的收益。就这样，尤伯罗斯以其新颖别致的创新思维一举改变了奥运会赔钱的局面，同时他本人也获得了极高的荣誉。

通过这些案例，我们清醒地认识到，要想真正地发挥出自身的潜能，就必须有创新的思维。只有具备了它，我们才有成功的出路。

第 4 章

让自己的想法更具价值——独特力

独特的思维是地球上最美的花朵，人脑蕴藏着无限丰富的宝藏。独特的思考力、开发"大脑金矿"、孕育丰富创新智慧潜能的不竭富矿是创造美好人生的第一要务。打破常规的唯一方法便是具有创新思维，只有创新思维才能让个人不断地突破自我，从而塑造个人的成功与发展。

第一节　"第四只眼"看世界

人有两只眼睛，神有三只眼睛，如果通过独创力开发，那么人人就会有"第四只眼"，可以比神还聪明。

运用你的"第四只眼"

独创常常表现为打破常规，追求与众不同，这就要求思维具有求异性，打破常规的同时也要求思维具有批判性。"第四只眼"经常会用一种近乎挑剔的、苛求的眼光审视问题，并总是能提出与众不同的、罕见的、非常规的想法。

印度有一位学者曾写过一本讲述创造学的书，名为《第四只眼》。他在书里表明，人有两只眼睛，神有三只眼睛，如果通过创造力开发，那么每个人就会有"第四只眼"，可以比神还聪明。

我们都有创造力，人和人的差异在于有的人注重创造力的开发，进而显得创造力更强些；而有的人总是墨守成规，忽略创造力的开发，所以就显得创造力弱一些。

创造力的另一神奇之处在于：儿童的创造力不一定比成人差，文化水平低的人其创造力不一定比专家学者差。这一点非常能够鼓舞广大青少年的信心。有很多青少年运用"第四只眼"所做的发现、发明和创造能令众多专家学者为之折服和倾倒。

青少年运用"第四只眼"，展开想象的翅膀，具体的创造才能最直接地体现在写作、绘画领域。

1996年8月，在天津举行了第一届全国少年儿童想象绘画展览，其中有很多精品佳作让人应接不暇：一位小朋友画了未来的电视机模型，这是一种四个面都能出现电视画面的"多频道、多屏幕"的电视，不同的家庭成员可以选择不同的频道，在不同的平面观看节目，互不干扰，未来的电视机设计者们能否实现他的这一独创性想法呢？

一位小朋友的画表达了"我长大后要发明一种语言翻译机，让这个世界大家庭中所有的人和动物都能随意进行语言交流，也能更好地保护动物"。

一位小朋友画的名字叫《解脱》，她幻想发明一种"百科知识输入机"，当人们睡觉时，机器能把所需的知识输入脑子里，这样一来就省去很多死记硬背的光阴。

还有一位小朋友画的"长大了，我要种这样的树"，他幻想着如果世界上有一棵树，可以根据人类需求结出各种各样美味的水果。如果从节省土地的经济学角度看，这个设想极为合理，但它又大胆地向现代生物工程的研究者们提出了一个难题。

王驷通是上海一名普通的三年级学生，他每天穿的风衣中间有一根带子，带子的两头从风衣内串出来。有的时候，他会不小心将绳从一头拉出来，可是想要将绳的一头沿细窄的串绳洞重新串回去可就难了。每次他都要找妈妈。

有一天，带绳又不听话地"跑"了出来，可他妈妈不在家。没有办法，他只好把衣服放在一边，从冰箱中取一根雪糕吃。这时候，他突然想到，可以先把这根绳弄湿了放进冰箱里，把它冰成马蹄形，然后就能轻而易举地把已冻硬的"冰绳"串过风衣上的串绳洞了。

王驷通同学运用"第四只眼"所做的发现，尽管并不是什么大不了的事，不过他的设想却有其独创性的一面，毕竟"把绳子也像雪糕一样冻硬"，恐怕很少有人能够想到，而这种独创性恰恰是构成创新思维的基础。

所谓人的"第四只眼",从本质上来说,就是人的独创性。在很多事物上,这种独创性非常重要。

"第四只眼"的力量

有一位画师收了几个学生,为了考验学生们的天赋,画师给了每个人一张白纸,要大家用最简练的笔墨画出最多的骆驼。当答卷交上来时,画师发现,几个学生的画法有很大的差异。

年龄较大的学生想法很普通,有的在纸上画了许多小骆驼,有的干脆用细笔密密麻麻地在纸上画了大量的圆点,用圆点表示骆驼。不过画师认为,这些画都缺乏创意。而年纪最小的学生的画最有独创性:他画了一条弯弯的曲线表示山峰和山谷,画上只画了一只骆驼已经从山谷中走出来,另一只骆驼只露出一个头和半截脖子。这就充满了无限的可能,谁也不知会从山谷里走出多少只骆驼,或许就是这一两头,也有可能三四头,甚至是一个庞大的骆驼群也说不定。

一个人若潜心发挥自身的创造才能,善用"第四只眼",他的能力也会增大十倍甚至百倍。

费涅克是一名美国商人,他知道很多城市居民都饱受各种噪音干扰之苦。在一次休假旅游的过程中,小瀑布的水声激发了他的灵感。他用立体声录音机录下了许多小溪、小瀑布、小河流水发出的声音,以及许多鸟鸣的声音。回到城市之后,他将复制整理的录音带高价出售。这种商品将那些久居闹市的人们瞬间就带进了大自然的美妙境界,让城市居民在家里就享受到了大自然的气息。他的生意十分兴隆,尤其买"水声"的顾客川流不息,因为许多市民喜欢在"水声"的陪伴下安然进入梦乡。

弗雷德里克·图德被称为"冰王",因为他经营的东西就是人们认为不值钱的冰，并且发了大财。图德的想法很简单：把冰从不值钱的地方运到可卖高价的地方。当他提出这个大胆的想法，被很多人嘲笑。但他从不介意别人怎么想、怎么说。图德全力以赴地忙于运冰，随之而来的是滚滚财源。仅 1856 年一年，图德就向菲律宾、中国、澳大利亚、西印度群岛等地用船运送了 14.6 万吨冰。图德从司空见惯的冰中获取了大笔利润，到了 19 世纪中期，图德已经牢牢地确立了自己的冰王地位。

浅野总一郎 23 岁时走出故乡的小山村，来到了满眼繁华的东京。当时的他身无分文，甚至连吃饭都成了问题。正在他一筹莫展的时候，他发现了一个泉眼。已经整整一天没吃东西的浅野总一郎，用手捧起泉眼里的水来充饥解渴。想不到的是，他一喝完泉水，顿时觉得这水非常清凉甘甜。他想："干脆去卖水算了。"于是，他捡来卖水的工具，在路旁摆起了卖水的小摊，开始了他的卖水生涯。几年后，年仅 25 岁的浅野总一郎已赚了一笔为数不少的钱，开始转向经营煤炭。

在许多人眼中根本不值钱的东西却可能创造出令人耳目一新、为之一振的商机。这就是"第四只眼"的作用。

第二节　明智是成功路上的指南针

有时候，人之所以苦恼，是因为他一直在试着让自己去适应一种并不适合自己的生存模式。做人切忌盲从，别人觉得好的，未必就适合你。

坚持真我，做最好的自己

做人最重要的一点，就是敢于坚持真我，做最好的自己。

你只能画你自己的画，只能唱你自己的歌，你只能做一个由你的经验、你的环境和你的家庭所造就的你。不管好坏，你都得自己创造属于自己的小花园；不论好坏，你都得在生命的交响乐中，演奏属于你自己的小乐曲。

在20世纪80年代，有位名叫安德森的模特公司经纪人，他看中了一位身穿廉价产品、不拘小节、不施脂粉的大一女生，认为她非常适合做模特。

这位女生来自美国伊利诺伊州一个蓝领家庭，每年夏天，她就跟随朋友一起，在德卡柏的玉米地里剥玉米穗，通过这个方式赚取来年的学费。

她从没看过时装杂志，更不懂什么是时尚，没化过妆。但是这都不重要，重要的是她天生丽质，浑身散发着清新的天然香味，唯一美中不足的是她的唇边长了一颗非常明显的黑痣。

安德森要将这位还带着田里玉米气息的自然女生介绍给经纪公司，却遭到了一次又一次的拒绝，原因很简单，就是因为她唇边的那颗黑痣。不过他下定了决心，要把女生及黑痣捆绑着推销出去，他总有种奇怪的预感，这颗黑痣将成为这位女生的标志。

曾经有一次，安德森给这个女生照了照片，小心翼翼地把大黑痣隐藏在阴影里，然后拿着这张照片给客户看。客户看了之后很满意，要求马上要见真人。可是当客户见到真人，大喊"上了当"，并且表示，"我可以接受你，但是你必须把这颗痣去掉"。

激光除痣其实很简单，这位女生在经历了一次次的失败之后，就和安德森商量把这颗痣除掉。对此，安德森坚定不移地否认："你千万不能去掉这颗痣，将来你出名了，全世界就靠着这颗痣来识别你。"

果不其然，几年后这位女生红极一时，日入3万美元，成为天后级的人物，她就是名模辛迪·克劳馥，她的嘴唇被称作芳唇，芳唇边赫然入目的是那颗今天被视为性感象征的桀骜不驯的黑痣，她的长相也被誉为"超凡入圣"。

媒体也开始纷纷盛赞安德森有前瞻性眼光。如果辛迪去掉了那颗痣，就是一个通俗的美人，顶多拍几次廉价的广告，就淹没在繁花似锦的美女阵营里面，再难有所作为了。

这个世界上有几十亿人，每个人都是不同的，拥有自己最独特的地方，也正是因为这些差异才使得这个世界丰富多彩。假如你为了迎合别人而抹杀自己的个性，就好比一只电灯泡里面的保险丝烧断了一样，再也没有发亮的机会了。所以，无论如何，你要保持自己的本色，坚持做你自己。

曾经有一个女孩，她从小就很喜欢唱歌，梦想将来能成为一名歌唱家，并且为此苦练基本功，付出了艰苦的努力。但是，美中不足的是她的牙齿长得凹凸不平。爱美之心人皆有之，她常常为此深感苦恼，不知如何是好，只好尽量掩饰。

有一次，她在新泽西州的一家夜总会里演唱时，总是想着要把上唇拉下来，盖住难看的牙齿，结果弄巧成拙，洋相百出。表演结束后，她躲在后台哭得很伤心。

这时候，一位老太太走到她身旁，亲切地说："孩子，你具有很高的音乐天分，我一直在注意你的演唱，知道你想掩饰的是自己的牙齿。其实，这不一定就是丑陋的，听众欣赏的是你的歌声，而不是你的牙齿，他们需要的是真实。"

小女孩听完之后，停止了哭声，用一种不敢相信的眼神望着老太太。

老太太接着说："姑娘，你尽可以张开你的嘴引吭高歌。如果听众看到连你自己都不在乎的话，好感便会油然而生。那些你自己想去遮掩的牙齿，或许还会给你带来好运，你相信不相信？"

听完老太太的话之后，女孩再也不刻意去隐藏自己的牙齿了，而是放下思想包袱，张大嘴巴尽情地高歌。正如那位老人所说的那样，她最后成为美国著名的歌唱家，不少歌手都纷纷模仿她，学她的样子演唱。这个女孩就是凯丝·达莉。

所以，不论好坏，你都必须保持本色，这才是最重要的。山姆·伍德是好莱坞最著名的导演之一，他多次在采访中表示，在他启发一些年轻的演员时所碰到的最头痛的问题，就是如何能够让他们保持本色。很多没有经验的演员总是想着做二流的拉娜·特纳，或者是三流的克拉克·盖博，但是世界上已经有了一流的拉娜·特纳和克拉克·盖博，观众们为什么要接受别人的模仿呢？所以最安全的做法就是，要尽快抛开那些装腔作势的做法，保持自我本色。

适合自己的就是最好的

做人切忌盲从，对于任何一个人来说，不管是工作，还是生活，最重要的不是为了迎合别人而改变自己，而是要保持本色，做最好的自己。爱因斯坦小时候被人们认为是愚钝的学生，因此都对他不抱希望，甚至还有人讥讽他，说他是个笨蛋，但是，他对这些外界的看法并不在意，他专注地过自己的生活，从来没想过要为了迎合别人而改变自己。

人总是在一定的环境中生活，总希望得到环境的认同。所以，人们选择自己的行为方式并不总是完全凭个人的认识和爱好，而是有意无意地按环境的要求塑造自己的性格。然而，要记住每个人都不可能完美无缺，每个人也不可能赢得所有人的喜欢，一个人，只有从内心接受自己，喜欢自己，坦然地展示真实的自己，才能拥有成功的人生。

在人生的旅途中，只有找准自己的位置，才能充分展示自我，实现自身的价值。因为适合自己的才是最好的。鹰击长空，虎啸深山，鱼翔浅底，驼走大漠，这些动物正是选择了适合自己的位置才造就了生命的极致；西山的虫唱，钓鱼台的柳影，潭柘寺的钟声，池塘边的芦花，这些景观也是因为选择了价值才成就了美名的享誉，同样，任何事物只有选择适合自己的方式才是最好的，才能实现自己的价值。所以，做人一定要选择适合自己的方式，否则一味地模仿他人只会弄巧成拙。

　　从前，有一个学习不错的女孩，她因为没考上大学，只好被安排在本村的小学教书。可是她没有做老师的经验，也没有经过专业的训练，所以讲不清数学题，不到一周就被学生们轰下了讲台。为此她很难过，母亲就安慰她说："满肚子的东西，有人倒得出来，有人倒不出来，我们没有必要为这个伤心，未来一定有更适合你的事等着你去做。"

　　后来，女孩到外地去打工，先后做过纺织工、市场管理员、出纳，但是每一次都半途而废。对此，母亲从来没有责怪过她一句，总安慰她、鼓励她。直到女孩 30 岁的时候，她凭一点语言天赋，做了聋哑学校的辅导员。紧接着，她又开办了一家残障学校。再后来，她在许多城市开办了残障人用品连锁店，这时的她已是一位拥有几千万元资产的老板了。

　　对于母亲的宽容和保护，女孩心知肚明，一次她问母亲，以前她连连失败，自己都觉得前途渺茫的时候，是什么原因让母亲对自己有信心？

　　母亲用最简单而朴素的话语回答了女儿心里的疑惑——一块地，不适合种麦子，就去试试种豆子；如果豆子也长不好的话，就改种瓜果；如果瓜果也不济的话，那就撒上一些荞麦种子一定能够开花。因为一块地，总会有一种种子适合它，最终也会有属于它的收成。

　　正如故事里母亲的话一样，一块地，总会有一粒种子适合它。那么我们每个人，在努力而未成功之前，都是在寻找属于自己的种子。这就如同一块块土地，肥沃也好、贫瘠也罢，总会有属于这块土地的种子。我们不能期望沙漠中有绽放的百合，我们也不能奢求水塘里有孑然的绿竹，但我们可以在黑土地上播种五谷，在泥沼里撒下莲子，只要你有信心，等待你的将会是稻色灿灿、莲香幽幽。

每个人都能够拥有一个最适合自己的位置，只有找准了人生的位置，才能实现自己的价值。当一个位置不适合自己时，为什么不换个角色去试试呢？用平和的心态去寻找人生的另一个突破口，寻找属于我们自己的种子。

这个世界上没有绝对，只有相对。我们有什么样的选择，就会得到什么样的结果，这是人生中亘古不变的哲理。如果你的选择过于脱离现实，那得到的只是一种可笑与滑稽。正如我们经常对幼儿说的一句话："还没有学会走你就想跑，那岂不是有些不现实呢？"

俗话说："因地制宜而量体裁衣。"其实这都在告诉我们一个简单而明了的道理。假如你是一个很高大的人，却非要去选择一件小衣服，那又怎么能穿得下呢？

只有适合自己的才是最好的。我们总在某些时候选择原本不适合自己的路行走，就算依然能够到达终点，可是留给自己的并不一定有别人那样的感受与心境，有时仅仅是穿着别人的那双鞋，却不一定能让自己走得舒适。

别再被自己那些不切实际、好高骛远的思想搞得心力交瘁了，也别再为自己的能力而妄自菲薄。没有最好，只有更好，适合自己的就是最好的。

第三节　专注，加深自己对事物的兴趣

在专一的用心面前，智慧的大脑、优势的体格都只能节节败退。拥有了专注的精神，你在无形中就有了制胜的武器。

专注才是成功的秘诀

在森林里有一只兔子，身材很修长，天生就很会"跳跃"，所以它一直有着"森林跳远第一名"的美誉，为此，它感到无比自豪和光荣。有一天，森林里的国王宣布，要举办运动大会，以提倡全民运动。于是，兔子就报名参加"跳远"项目。在比赛中，兔子击败了鸡、鸭、鹅、小狗、小猪……夺得了跳远比赛的冠军。

后来，有一只老狗告诉兔子："其实你的天分资质很好，体力也很棒，你只得到跳远一项金牌，实在是大材小用。我觉得，只要你好好努力练习，你还可以得到更多比赛的金牌啊！"

兔子似乎受宠若惊地问道："真的啊？你觉得我真的可以吗？"

老狗肯定地说："只要你好好跟我学，我可以教你跑百米、举重、游泳、跳高、推铅球、马拉松……你一定没问题的！"

在老狗怂恿之下，兔子开始每天练习"跑百米""游泳""举重""跳高"……

很快，第二届运动大会又来了，兔子报了很多项目，可是它跑百米、游泳、举重、跳高、推铅球、马拉松……却没有一项入围，甚至连以前最拿手的"跳远"，成绩也退步了，在初赛的时候就被淘汰了。

这个小故事告诉我们，很多人都会走进这样一个误区，认为自己无所不能，所以想在各个方面都出人头地，成为人人羡慕的名人。于是，他们就像兔子一样，在别人怂恿之下，信心十足，觉得自己非常有才能，既可以是演说家，又能是主持人；既可以当演员，又可以做作家；既可以参选民意代表，又能参与公益活动，更能投资开公司、当老板……但最终的结果往往是落得竹篮打水一场空的下场。

所以，请你记住——专注，才是成功的秘诀！

美国成功学励志专家拿破仑·希尔曾经把专注喻为人生成功的"神奇之钥"。专注，就是把意识集中在某个特定的欲望上的行为，要一直集中到找出满足这项欲望的方法，并且成功地将之付诸实际行动为止。

古希腊著名演说家戴摩西尼在他年轻的时候为了提高自己的演说能力，曾经躲在一个地下室练习口才。不过年轻人常常耐不住寂寞，他时不时地就想出去溜达溜达，心总也静不下来，练习的效果很差。万般无奈，他横下心，挥动剪刀把自己的头发剪去一半，变成了一个怪模怪样的"阴阳头"。这样一来，他觉得发型太丑羞于见人，只能彻底打消了出去玩的念头，一心一意地练口才，演讲水平突飞猛进。正是凭着这种专心执着的精神，戴摩西尼最终成为了世界闻名的大演说家。

无独有偶，著名作家雨果也采用了类似的方法来促使自己专注于工作。在1830年，他和出版商签订合约，在合同内明确规定，半年内必须交出一部作品。为了确保能把全部精力放在写作上，雨果把除了身上所穿毛衣以外的其他衣物全部锁在柜子里，把钥匙丢进了小湖。就这样，因为根本拿不到外出要穿的衣服，他彻底断了外出会友和游玩的念头，一头钻进写作中，除了吃饭与睡觉，从不离开书桌，结果作品提前两周脱稿。而这部仅用5个月时间就完成的作品，就是后来闻名于世的文学巨著《巴黎圣母院》。

戴摩西和雨果都采用不同的方法来强迫自己专注于目标，所以他们能在最短的时间内实现目标。由此可见，专注能促使人尽快地达到成功的顶点，激发人类的潜能。如果我们在工作或者生活中能始终全神贯注、全力以赴，那么，我们离成功也会越来越近。

1905年，爱因斯坦在科学史上创造了一个史无前例的奇迹。这一年他写了6篇论文，在3月～9月这半年时间里，他利用在专利局工作时间外的业余时间，在 3 个领域做出了 4 个有划时代意义的贡献——他发表了关于光量子说、分子大小测定法、布朗运动理论和狭义相对论这 4 篇重要论文。他之所以取得这些耀眼的成绩，就是因为他在针对某一科进行研究时都突出表现了其专注的特质。

如果你要想干好一件事情、成就一番事业，就必须做到心无旁骛、全神贯注地追逐既定的目标。在漫漫人生路上，我们总会遇到各种各样的欲望，总会被懒惰所干扰，不能专心致志地前行，那么这时候就不妨斩断退路，逼着自己全力以赴地寻找出路，往往只有不留下退路，才更容易赢得出路，最终走向成功。

如果你比对手更专注，你就能将他们抛在身后。我们来看这样一则小故事：

比尔是个成功的演说家和作家，喜欢在空闲的时候观察鸟类，这也是他的一大爱好。几年前，比尔买了一幢新房子，附近草木葱茏，让他非常满意。入住后的第一个周末，他就在后院里装了个喂鸟器。但是，就在当天晚上，有一群松鼠溜进了喂鸟器，吃掉了里面的食物，还把小鸟吓得四散而去。在接下来的两周时间里，比尔绞尽脑汁想各种办法，希望能让松鼠远离喂鸟器，就差没有使用暴力了，可是丝毫不起作用。

万般无奈之下，他来到当地一家五金店，在那儿找到了一种与众不同的喂鸟器，带有铁丝网，并且这个喂鸟器还有个让人动心的名字，叫"防松鼠喂鸟器"。比尔心想，这回可保万无一失，结果当天晚上，松鼠又大摇大摆地光顾了"防松鼠喂鸟器"，照样把鸟儿吓跑了。

这让比尔非常生气，他拆下喂鸟器，回到五金店，并且要求退货。五金店的经理慢条斯理地回答说："别着急，我会给你退货的，不过你要理解，这个世上可没有什么真正的防松鼠喂鸟器。"

比尔惊奇地问："你想告诉我，我们可以在几秒钟之内把信息传到全球任何一个地方，可以把人送到太空基地，但我们尖端的科学家和工程师都不能设计和制造出一个真正有效的喂鸟器，把那种脑子只有豌豆大的啮齿类小动物阻挡在外？你是想告诉我这个吗？"

经理用手指示意他少安勿躁，说："先生，我要向您解释清楚，首先，你平均每天花多少时间，让松鼠远离你的喂鸟器？"

比尔想了想回答说："我不清楚，大概每天 10～15 分钟吧。"

经理笑了笑说："和我猜的差不多，那么请您回答我第二个问题，那些松鼠每天花多少时间来试图闯入你的喂鸟器呢？"

比尔马上明白了经理的意思：在松鼠醒着的每一分每一秒都在努力试图闯入喂鸟器，因为这些小家伙 98% 的时间都用于寻找食物。

松鼠如此专注地思索着怎样去获得食物，所以它的成功率就比人们不经意地防御要有效得多。同样的道理，即使是平凡的人，如果将一生所有的精力集中在一件事情上，那么他也一定能够做出非凡的成绩。

列文虎克是荷兰非常普通的一位看门人，他从 20 多岁开始就到市政府门房上班，每天早晚照管开门、闭门，日复一日，年复一年。有一天，他无意得到一块凸透镜，发现能放大镜子下的东西，可惜的是，这镜片已很模糊，他就下定决心重磨一个。

自从迷上磨镜片后，他调整了自己的作息时间，每天黎明就起床，手捧一块油石，一块玻璃，非常认真又十分吃力地磨来磨去。直到天黑，在油灯下什么都看不清了，他才睡觉。就这样一直磨了 40 年，他门房里间的屋子成了当时世界上最大、最齐全的透镜库。

列文虎克除了磨镜成癖之外，还非常喜欢用镜子到处去照。他曾经把木块、石块、虫子、肉等物品统统拿到他的镜子下——

检查。他突然发现，原本是平光光的木块在他的镜子下竟是沟沟凹凹、洞洞眼眼；看见一个平常的小虫子竟像一头小猪一样走来，他高兴地哈哈大笑。自从列文虎克发现这个奇怪的小王国之后，他用空闲时间开始写成论文。

当他的第一篇既像记录、又像是一封信的文字寄到英国皇家学会的时候，就连英国皇家学会主持人胡克都大吃一惊。他连忙找来显微镜观察一滴水，里面果然有一个小王国。后来，列文虎克这个没有受过正规教育的看门人被破例吸收为英国皇家学会会员，成为迈进微观世界的第一个开拓者。

列文虎克的磨镜生活四十年如一日，他终于在这个过程中发现了一个新奇的世界。在漫长而又短暂的人生中，我们都会有一些或大或小的目标，我们为了达到目标而不断地努力着。在这条通往目标的路上可能是山花烂漫，当然也有可能是荆棘丛生。如果我们前行在荆棘丛生的道路上，有可能会失去信心，退缩不前。曾经，有很多能够披荆斩棘的勇士，却会被烂漫的山花迷惑了双眼，最终不能实现目标或者延迟了实现目标的时间。所以要实现自己的目标并非一件容易的事情，这需要我们专注于自己的目标，用自己的勇气和毅力，克服通往目标途中所遇到的种种挫折和诱惑。

培养专注的习惯

那么我们应该怎样养成专注的习惯呢？

1. 要养成在某一段时间内做一件事的能力，有头有尾，不半途而废。

一次只专心地做一件事，并且全身心地投入并积极地向成功迈进，这样你就不会感到筋疲力尽。千万不要让你的思维转到别的事情上，也不要让别的需要或别的想法干扰你。专心于你已经决定去做的那个重要项目，放弃其他所有的事。

在工作中，我们不妨找点技巧，比如把你需要做的事情想象成是一大排抽屉中的一个小抽屉。你的工作只是一次拉开一个抽屉，令人满意地完成抽屉内的工作，然后将抽屉推回去。不要总想着去翻阅所有抽屉，而要将精力集中于你已经打开的那个抽屉。如果你把抽屉推回去了，就不要再去想它。这样一来，就能够了解你在每次任务中所需担负的责任，了解你的极限。倘若你把自己弄得筋疲力尽和失去控制，那你就是在浪费你的效率、健康和快乐。所以一定要选择最重要的事先做，把其他的事放在一边。做得少一点，做得好一点，才能在工作中得到更多的快乐。在激烈的竞争中，如果你能向一个目标集中注意力，成大事的机会将大大增加。

最成功的商人往往都是能够迅速而果断做出决定的人，他们总是首先确定一个明确的目标，并且集中精力、专心致志地朝这个目标努力。所以，当你的内在心灵将焦点集中在特定目标上，这个目标不一定是某一项物质、财产或有形的物品，你会不由自主地朝此目标前进，然后以比较宽容的想法去看待其他事情。

伍尔沃斯的目标是要在全国各地设立统一的"廉价连锁商店"，于是他把全部精力花在这份工作上，最后终于完成了此项目标，而这项目标也让他获得了巨大成功。李斯特在听过一次演说后，内心充满了成为一名伟大律师的欲望，于是他把一切心力专注于这项目标，结果成为美国最有名望的律师之一。伊斯特曼全心投入致力于生产柯达相机，这为他赚进了数不清的金钱，也为全球数百万人带来无比的乐趣。

由此可以看出，几乎所有成大事的人，"专注"都是他们成功的主要原因。

2．训练自己集中注意力的能力

想成就大事的人不能把精力同时集中于几件事上，只能关注其中之一。换言之，我们不能因为从事分外工作就分散了我们的精力。中国古代的铸剑师想要铸成一把好剑，就必须在深山中潜心打造十几年。正所谓"十年磨一剑"，只有专注能够保证工作效率，为了专心做好一件事，必须远离那些使你分散注意力的事情，集中精力选准主攻目标，专心致志地从事你的事业，只有这样才可能取得成功。

假如大多数人集中精力专注于一项工作，那么他们都能把这项工作做得很好。卡耐基做了这样一个分析，他将对 100 多位在其本行业获得杰出成就的男女人士的商业哲学观点收集起来，发现了这样一个事实：几乎每个人都具有专心致志和明确果断的优点。所以，做事有明确的目标，不仅能够帮助你养成迅速做出决定的习惯，还可以帮助你把全部的注意力集中在一项工作上，直到你完成这项工作为止。

既然如此，可为什么只有少数人能够拥有专注带来的神奇的力量呢？其实最主要的原因就在于大多数人缺乏自信心，而且没有什么特别的欲望。

自信心和欲望是构成"专心"行为的主要因素和关键因素。如果没有这些因素，专心致志的神奇力量将是无水之源，无本之木。对于任何东西，你都渴望得到，而且，只要你的需求合乎理性，并且十分强烈，那"专心"这种力量就能帮助你得到它。假如你想成为一个著名作家，或是一位成大事者的商界主管，或是一位杰出的演说家，或是一位能力高超的金融家，那么你最好在每天就寝前及起床后花上 10 分钟，把你的思想集中在这个愿望上，从而决定应该如何进行，才有可能把它变成事实。

当你专心致志地集中你的思想时，把你的目光放远一些，1 年、3 年、5 年甚至 10 年后，幻想你自己是这个时代最有力量的人，假设你拥有了相当不错的收入，幻想你在银行里有一笔数目可观的存款，假想你利用演说的金钱报酬购买了自己的房子，想象你自己是位极有影响的人物，假想你自己正从事一项永远不用害怕失去地位的工作……只有专注于这些想象，才有可能付出努力，美梦成真。

3. 培养自我控制的能力，克服浮躁的情绪，做到专心致志

每个人都兼具理性与感性，但对大小琐事都想用理智去对待是不可能的，而且大部分行为都是以感情为出发点，这才是人性真实的一面。我们常常会因为旁人的一句话便耿耿于怀，动辄勃然大怒，血液充满脑部，

根本无法自我控制，等到这种情绪过去了，又来懊悔当初，这也是一般人的通病。由于个人某方面致命的弱点或缺陷而归于失败的人，在失败者中也不在少数。这样的人一定要克服浮躁的情绪，培养自我控制的能力，要经常想到自己的缺点和不足，既要自我崇尚，有信心，也要自我检查，随时修正，不断地自我完善，自我提高。

第四节　运用简洁思维提高效率

记忆的诀窍在于，不仅要知道哪些东西应该去把握，而且要明白哪些东西不必去领会。

简洁思维的一大功能是提炼

一个喜欢说废话而从来不用功的青年，整天缠着大科学家爱因斯坦，要他公开成功的秘诀。爱因斯坦厌烦了，便写了一个公式给他：$A=x+y+z$。爱因斯坦解释说："A 代表成功，x 代表艰苦的劳动，y 代表正确的方法……""z 代表什么呢？"青年迫不及待地问。爱因斯坦说："代表少说废话。"

简洁的思维常常能让我们能透过纷纭复杂的表象准确清晰地把握住事物的本质，从而提高大脑的效率，最大限度地挖掘和运用人生潜能。

有时候我们在面对复杂问题时，要学会如何变复杂为简单，就好像手中有把看不见的刀，能够把问题的枝蔓削减得一干二净，剩下的只有主干——事物的本质。思维学家称这种思维方式为简洁思维。

在知识爆炸的信息时代，信息已经到达泛滥的程度，让人应接不暇，不堪负担。如果要想在信息的海洋里长袖善舞，吹沙拣金，高效运作，就必须学会运用简洁的思维方法，化复杂为简单，将纷繁复杂的事物关系理得有条不紊。

人的大脑就好比是一个记忆仓库，那么理应是有条有理、分门别类的，这样，我们的思维才能够清晰明快，高效率运转。假如很多知识与记忆杂乱无章地储存在脑子里，如大杂烩一般，不仅不会变成财富，甚至还有可能变成包袱。

为了更好地记忆，我们必须学会提炼，去粗取精。要把握事物其中最核心最关键的东西，诸如原理、公式、特征等。从另一个角度来看，提炼或者删除，这两者相辅相成。记忆的诀窍在于，不仅要知道哪些东西应该努力地去把握，而且要明白哪些东西不必去领会。

不少学者对治学经验有很多妙喻，比如朱熹曾经提出"剔骨式"——"去尽皮，方见肉；去尽肉；方见骨；去尽骨，方见髓"，"层层深入，日见精华"。又如郑板桥提出了"剥笋式"——"善读书者日攻日扫，攻则直透重围，扫则了无一物。"循序渐进，终得精要，"千淘万漉虽辛苦，吹尽狂沙始到金"。提炼与删除是获取真知的重要手段，也是每个求知者必备的本领。

在公元前 333 年的冬天，亚历山大率军攻入"戈底乌斯城"，这座城里的神庙有一个著名的"戈底乌斯绳结"，传闻十分难解。据当地流传的神谕说，谁能解开这个绳结，谁就能成为亚细亚之王。亚历山大自然想成为"亚细亚之王"，他费了很大劲，但是却没有解开。于是，他拔出佩剑，将绳结一劈两半。亚历山大的抉择正是简洁思维方法运用的一种极致。

这个世界有很多东西都在不断被简化，信息要过滤，汉字要简化，长篇文字要缩略……毫不夸张地说，简洁已经成为 21 世纪的重要法则。

简洁思维能够使我们透过纷纭复杂的表象，准确而清晰地把握住事物的本质，从而提高大脑的效率，最大限度地挖掘和运用人生潜能。尽管科学无坦途，但是科学并非没有捷径可走。这条捷径就是要学会简洁思维。

　　世界著名的建筑大师格罗培斯设计了迪士尼乐园，经过3年的施工，很快就要对外开放了，可是各景点之间的路该如何铺设还没有具体的方案。于是，施工部只好打电话给正在法国参加庆典的格罗培斯大师，请他赶快定稿，以便按计划竣工和开放。

　　格罗培斯大师从事建筑研究已经40余年，他曾经攻克过无数个建筑方面的难题，在世界各地留下了精美的杰作多达70余处。可是在建筑学中他有一个小小的缺陷，尽管这是最微不足道的一点——路径设计，却同样让他大伤脑筋。对迪士尼乐园各景点之间的道路安排，他已修改了不下50次，却没有一次让他真正满意。接到催促电报之后，他的心里更加焦躁。巴黎的庆典一结束，他就让司机驾车带他去了地中海海滨。他想借助这样的方式清醒一下，争取在回国前定好方案。

　　当奔驰的汽车跑在法国南部的乡间公路上，这里是法国著名的葡萄产区，漫山遍野到处是当地农民的葡萄园。一路上他看到无数的葡萄园主把葡萄摘下来提到路边，向过往的车辆和行人吆喝，却很少有停下来的。

　　很快，他们的车子进入一个小山谷，这里停着许多车子，他不禁感到好奇，为什么这些车子都停在这里呢？原来这儿是一个无人看管的葡萄园，你只要在路旁的箱子里投入5法郎就可以随意摘一篮葡萄上路。

　　据说这是一位老太太的葡萄园，因为年老体迈，她无力料理，就想出这个办法，最初她还担心这种办法能否卖出葡萄，没想到的是无心插柳柳成荫，在这绵延百里的葡萄产区，她的葡萄最受人欢迎，总是最先卖完。她这种给人自由、任其选择的做法使大师深受启发，他下车摘了一篮葡萄，让司机调转车头，立刻返回了巴黎。

回到住地，他给施工部发了封电报：撒上草种提前开放。施工部立刻按格罗培斯的要求在乐园撒了草种。没过多久，小草就长出来了，整个乐园的空地都被绿草所覆盖。在迪士尼乐园提前开放的半年里，草地被踩出许多小道，这些踩出的小道有宽有窄，优雅自然。

第二年，格罗培斯又让乐园的工作人员按这些踩出的痕迹铺设了人行道。1971 年在伦敦国际园林建筑艺术研讨会上，迪士尼乐园的路径设计被评为世界最佳设计。

我们常常把创新想象得太过高深，认为那是某些发明家或专家才能做到的事情，但实际上，这种想法本身就阻碍了我们的创新。

简洁思维能够最大限度地挖掘人生潜能

爱因斯坦的一位女朋友给他打电话，最后要求爱因斯坦把她的电话号码记下来，以便以后通电话。

"我的号码很长，挺难记的。"

"说吧，我听着。"爱因斯坦并没有拿起笔。

"24361。"

"这有什么难记的？"爱因斯坦说："两打与 19 的平方，我记住了。"

爱因斯坦连记电话号码都使用创新思维，选择对自己来说更为简单的方法来记。当然，这样更能够帮他记住这个电话号码，所以诸如此类的创新思维还是很有必要的。

创新并不复杂，可是为什么大多数人头脑空空，觉得创意匮乏呢？心理学家们的调查或许有助于我们把谜底揭开。

心理学家的一次创造性测验是分 4 个年龄层进行的：他们首先对 45 岁的年龄层进行测试，发现只有 5% 的被认定有创造性，接着他们又对 25 岁～45 岁之间的年龄层进行测试，结果竟然同样也只有 5% 的人合格。就这样，测验继续进行下去，心理学家们发现，17 岁年龄层的测试令人鼓舞，有创造性的人的比例上升到了 10%，接着出现了更令人惊讶的结果，5 岁的儿童中，具有创造性的人竟然高达 90%。

通过这个实验说明什么呢？它说明人类其实生来就有创造性的，然而随着年岁的增长，人的创造性遭到了文化、教育、社会、环境等等方面的抑制和束缚，便退化了。为什么儿童更具创造性呢？因为儿童对周围的事物有丰富的想象力，强烈的好奇心，他们敢想敢说，敢试敢闯，发明创新就变得简单，而成人丧失了好奇心，不敢想，不敢说，不敢试，发明就由简单变得困难了。

把简单的事情复杂化，究其原因，最主要的因素是大脑中常常容易在"神秘"或者"深奥"中徘徊。实际上许多事情并不像我们看上去的那么复杂。尽管这听起来有些不可思议，但就实际而言，如果我们能多一份沉静与轻松，把复杂的事情用简单的方法去做，就能获得奇妙的效果。因为伟大事业的核心是简单的，人类文明的根基是简单的，人性的本原是简单的，一切创造的起点也是简单的。简单的，往往是最好的；简单的，往往也是最有效的。须知一个简单的想法、一个简单的理念，就会启开理想之门。

简单是最直接最有效的成功方式。我们每个人都亟须把弃繁从简的成功理念深植心底。简单不是"四肢发达，头脑简单"的"简单"，简单不是浅薄、简陋、粗放，简单是深刻、丰富、精细。简单是一种美，简单更是一种先进的成功理念。所以，只要我们深刻地认识到了简单的重要性，并把这个理念运用到实践中，那么，简单就会成为我们的杀手锏，成功自然就变得简单了。

第五节　用创造思维开路

肯定自己的创造能力，并付诸实行，你也能够成为创意天才。

产生新思想是创造最重要的前提

在现实生活里，很多人都为自己不能创造新的事业和生活寻找各种各样的理由。有人说，生活太平凡了，无法创造。平凡就好像是一张白纸，大画家挥笔画它几笔，便成为一幅名贵杰作。平凡就好像一块石头，到了雕塑家手里，却可以成为不朽的塑像。所以，平凡并不能成为创造的障碍。有人说，环境太单调了，无法创造。单调就好比是身陷囹圄，但就是在监牢中产生了《易经》《卜辞》，产生了《正气歌》，产生了《尼赫鲁自传》。单调就好比是沙漠，可是雷赛布却能在沙漠中造出苏伊士运河，将地中海与红海贯通起来。所以，单调也不能成为创新的绊脚石。

平凡和单调只是懒惰者的借口。我们就是要在平凡中创造出不平凡，在单调上变化出不单调。所以，我们可以很客观地说：天天是创造之时，处处是创造之地，人人是创造之人。怎么才能进行"创造"呢？"产生新思想"是创造最重要的前提。只要你依循下面的步骤，就一定能产生新思想。

◇最初的观念：首先你有一个问题要解决或有一件事要做；你想找一个更好的工作；你想把你们公司里的废料做成有用的副产品；你的房子需要重新装饰一下等等，这些都属于最初的观念。

◇准备阶段：现在你要调查一下发展这个处在萌芽状态的观念的所

有可能的方法。尽可能多地阅读有关书籍，收集有关那方面的资料，记笔记，和别人交谈，提出问题。要善于接受新的事物。这些都是开动我们想象力的跳板。

◇酝酿阶段：这一阶段应该让你的潜意识活动起来。睡个午觉，散散步，洗个澡，做做其他的工作或消遣消遣，把问题留到以后再解决。作家埃德娜·弗伯曾经说过："一个故事，要在它自己的汁液里慢慢炖上几个月甚至几年，才能成熟。"

◇开窍阶段：这是创造过程的最高阶段，也是创造过程中最令人兴奋和愉快的阶段。脑子豁然开朗起来，一切东西都突然变得井井有条。比如查尔斯·达尔文，他一直在为进化理论收集材料，有一天他坐在马车里去旅行，这些材料都突然一下子融为一体了。达尔文写道："当解决问题的思想令人愉快地跳进我脑子里时，我的马车驶过的那块地方我还记得清清楚楚。"

◇核实阶段：不管你的见识多么高明，但不要忘记，或许你的启示并不一定靠得住。这时便要发挥理智的判断作用。你的预感、灵感都要经过逻辑推理加以肯定或否定。你要回过头来尽可能客观地看待你的设想，并且尽可能地征求别人的意见，对自己的设想加以修正，使之趋于完善。经过核实，你往往会得出更新更好的见解。

你的启示不一定靠得住

在现实生活中，我们可以通过有意识的锻炼，提高自己的创新能力，培养开阔的思路。下面是专家总结的几种行之有效的方法。

◆相信自己有创造力

激发创造力最大的绊脚石就是从内心深处认为自己缺乏创造力。即使是最伟大的创新点子也并非是无迹可循、难以捉摸的。以电视游乐器发明人诺南·巴希奈为例，他的灵感就来自游戏与电视。这两项现代人最喜爱的东西经他的创新结合就变成了价值1亿美元的点子。

◆**多读些参考书**

增加你的一般知识的方法，最简单有效的就是每天在睡觉前看看科普读物。请记住：几乎所有真正有艺术创造力的人，曾经都非常努力扩大他们的一般知识和专业知识。

◆**经常光顾工艺品商店**

从日新月异的文具、五金百货等造型上，你或许就能突然获得灵感或得到某些启示。那些商品的巧妙布局常常会展现出许多你从未想过的作品题材。

◆**培养你的想象力**

找一篇你从未读过的短篇小说，读完第一段，试着自己接下去把小说情节幻想出来，然后再去读原小说的其余部分。你会发现你的文学想象力比你预料的要大得多。

◆**置身新领域**

一个年轻人请教管理专家彼德·杜拉克怎样才能成为好主管。杜拉克回答："学拉小提琴吧。"其实他的本意是，任何让你置身新领域或迫使你摆脱原先安适怠惰的活动，都可以将你的想象力激发出来。最好的活动是磨练平时不常用的另外半边脑，有时这类活动会形成神奇的组合。

◆**对你的日常生活进行重新安排**

把那些原来不相连的事物安排在一起：午餐中不放在一起吃的食物，房间里的物品，晚会上不常在一起的人们，以及每天发生的事情。通过对这些习以为常的事情加以变动，你往往会发现一些新的、有趣的组合。

◆**抬头看看你每天经过的那些建筑物**

对于那些我们非常熟识的建筑物，很少有人能描述一下它们的第二层是什么样子。所以，你沿着你通常去商店、学校或办公室的路线走一次，再反向走一次，沿途仔细观察整座建筑物，你就会有与以往不同的感受。

◆**多一些思考**

静静地躺着是非常养神的，在这些大脑平静的时刻，你的潜意识的创造性思维将会异常活跃。你可以漫不经心地看着某些使人安详的景物：龙飞凤舞的书法，白色的云彩，一道道帆布上的油彩，绿色的植物，风格鲜明的东方地毯，或金色的阳光。

◆从一个新的角度观察、考虑

用望远镜或者放大镜重新观察你周围的环境或事物，这样做可以使你有新的发现和新的感受。换一个角度看待他们，会使我们有一个更新和更广的认识。把诸如缩小、扩大、取代、颠倒、重组、合并等动词列一张表，设法把每一个动词都依次运用到你要解决的问题上，试试看是否行得通。

◆随时准备好

你最好随身带一个本子、一支铅笔或钢笔，如果有条件的话，就带上手机或者录音笔，新的念头一出现，便及时地把它写在纸上或录下来。

准备一个地方专门收集和存放这些思想记录，因为这个思想库将会成为你巨大的财富。启示往往是在半夜里不知不觉地溜进你的大脑的。假如你正在想方设法解决一个难题，你把解决问题的障碍写下来，然后把它们丢在一边去睡觉，不要再去想它们，让你的潜意识起作用。当你一觉醒来时，往往已经有了新的设想或解决办法。

青年人感觉敏锐，记忆力好，想象极其活跃。在学习和工作中，在发现和解决问题时，可能会出现突如其来的新想法、新观念，要及时捕捉这种创造性思维的产物，要善于发展自己的直觉思维。所有的构思都必须付诸实行，才能真正具有价值。不要吝于将创意付诸行动。试试看哪些点子行得通，哪些行不通，然后你就会惊讶地发现，自己想象出来的点子竟然对这个世界有所帮助。肯定自己的创造能力，并付诸实行，你也能够成为创意天才。

第5章

X+Y+Z= 成功——开拓力

你的人生目标不但是你行动的依据，而且还能激发你的斗志，挖掘出你的潜能。这如同是个定律，在你人生的前方设定一个目标，不仅是一个理想，同时也是一种约束。这就像跳高一样，只有设定一个高度作为目标，才有可能跳出好的成绩来。

第一节　对自己的目标要保持渴望

策划你的事业，就应该像艺术家雕刻一样，先要在你的头脑中看到一个形象，看到理想中事业成功的你，然后再拟订步骤，动手实现。

目标是人生成功的第一推动力

想成功，就需要制订一个奋斗的目标，因为目标是有助于你走向成功的巨大推动力。

松下电器的创始人松下幸之助曾经说："人生如果没有目标，就无法得到充实，就不能前进或发展。"他之所以能拓展事业，打败竞争对手，让自己的品牌响遍千家万户，完全是凭借他能够很好地规划自己，通过实现目标来推动自己的发展。因此，目标就是前方鲜明的旗帜，指引着人们向前奋进，成为人生成功的第一推动力。

如果你读过《穿越玉米地》这本书，也许你会记得下面的文字：有一年，一群意气风发的骄子从美国哈佛大学毕业，他们将穿越各自的"玉米地"。他们的智力、学历等条件都相差无几。在临出发时，哈佛大学对他们进行了一次关于人生目标的调查。结果是这样的：27%的人没有目标，60%的人目标模糊，10%的人有清晰但比较短的目标，3%的人有清晰而长远的目标。以后的25年，他们穿越"玉米地"。25年后，哈佛大学再次对这群学生进行了跟踪调查。

结果又是这样的：3%的人，25年间朝着一个方向不懈努力，几乎都成为社会各界的成功人士，其中不乏行业领袖、社会精英；10% 的人，他们的短期目标不断地实现，成为各个领域中的专业人士，大都生活在社会的中上层；60% 的人，他们安稳地生活与工作着，但都没有什么特别成绩，几乎都生活在社会的中下层；剩下 27% 的人，他们没有生活目标，过得很不如意，并且常常在抱怨他人，抱怨社会，抱怨这个"不肯给他们机会"的世界。

假如在你的人生之路上没有具体的、明确的目标，那么你将会一事无成。只有我们有了明确的目标之后，人生才会觉得充实，奋斗才会有动力，行动才会有所依据，人生也才充满了意义。这已经成为一种规律，我们设定的每一个目标都不仅仅是一个美好的理想，更是一个充满约束力的所在，只有你的目标远大，你的成就才会更惊人。

从前有两名瓦匠，他们同样在炎炎烈日下挥汗如雨。这时候，远处有一名路人走过来问他们："你们在干什么？"

其中一个人答道："我们在砌砖。"

另一个人却说："我们在修建一座美丽的剧院。"

后来，将自己的工作看做砌砖的瓦工果真砌了一辈子砖，而他的同伴后来则成了一名颇具实力的建筑师，设计了许多美丽的剧院。

事实上，你的愿望是什么，你希望自己成为什么样的人，你就会无意识地、不自觉地朝着这个愿望而努力奋斗。因此策划你的事业，就要像艺术家对待艺术品一样，先要在你的头脑中看到一个形象，看到理想中事业成功的你，然后再拟订步骤，动手实现。就如同马克思所说："即使最蹩脚的建筑师从一开始就比最灵巧的蜜蜂高明的地方，是他在用蜂蜡建筑蜂房以前，已经在头脑中把它建成了。"这种对自己的未来进行设计、规划的过程，就是我们事业目标策划的过程。

其实，生活中每一个人都有成功的欲望和梦想，然而，大多数人却没有明确具体的人生目标，这便是成功和幸福总是钟情于少数人的重要原因。

目标能够塑造人

你的人生目标不但是你行动的依据，而且能挖掘出你的潜能，能激发你的斗志。这是一个定律，在你人生的前方设定一个目标，不仅是一个理想，同时也是一种约束，就好比跳高一样，只有设定一个高度作为目标，才有可能跳出好的成绩来。

在韩国前总统金泳三的少年时代，尽管他的家庭比较富裕，可是在他家附近没有学校，所以他的求学历程非常艰苦。从六岁开始，他每天都得翻过两座小山，到两公里以外的学校去读书。升入初中之后，他要到离家更远的学校去就读。在校就读期间，他不顾山路崎岖，不怕路途遥远，这磨练了他吃苦耐劳的坚强意志。就在他读高中时，金泳三梦想自己有天会成为韩国的总统，并且写下"金泳三——未来的总统"这样的大条幅贴在宿舍的墙壁上。正是这个美好的梦想促使他在日后的征途中百折不挠、坚强不屈，从而成就了他的人生大业。

纵观历史上的那些成功者，他们几乎都是对自己的未来预想得一清二楚。他们知道自己所要的是什么，他们有目标，也有行动，也知道在哪里可以得到它。他们确立目标，同时又知道通往那个目标必须要走的路。

爱迪生是著名的科学家、发明家，1928 年，美国国会预计他的发明对人类的贡献值约为 50 亿美元，颁发给他一枚金质奖章。当然，这些发明对我们今天生活的价值简直无从估计，他的全部发明多得叫人难以置信。可是，或许你不曾知道，爱迪生的全部在校教育总共只有三个月的时间。在校期间，爱迪生也绝对称不上是老师眼中的好学生，他的老师说他只是一个会做白日梦的少年罢了，甚至断言他的一生绝不会有什么大的成就。可是，爱迪生成功了，他成功的秘密到底在哪里呢？

这其中的奥秘之一就是，他具有设定目标的能力和追求目标的热情。

每当爱迪生的科研选题确定之后，他就会竭尽全力去阅读跟计划相关的书籍，等他的书读得差不多了，就在实验室里不分昼夜地工作。

他每天都在清晨 8 点钟进入实验室，不到次日凌晨两三点钟不肯罢手。他从事过数以万计的实验工作，承受着不可避免的失败压力，但他每次都是勇往直前，不达目的绝不罢休。

爱迪生之所以如此伟大，这大概就是因为他拥有明确的目标。爱迪生将目标视为人生航向，并且对之倾注自己全部的热情，再加上丰富的想象和智慧，使他成为人类历史上最伟大的发明家之一。

每一个成功的人一定都有明确的奋斗目标，他们在内心深处非常清楚自己活着到底是为了什么。有了明确的奋斗目标，也就产生了前进的动力。他们能够尽自己的所有力量，向着既定的目标不断前进，他们知道自己怎样做是正确的、有用的。所以目标不仅是奋斗的方向，更是对自己的鞭策。有了目标，有了积极性，就有了热情，有了使命感和成就感。有明确目标的人，会感到自己心里很踏实，生活得很充实，注意力也会出奇的集中，不会再被繁杂的事干扰，干什么事都显得成竹在胸。

目标不仅能够唤醒人、调动人，而且还能塑造人。目标的力量是难以估量的。有明确目标的人，绝不会因无所事事而无聊，生活必然充实有干劲。目标激励人们不断进取，引导人们不断开发自身的潜能，摘取成功的桂冠。

第二节　在奇想中寻找灵感

创新思维专家推断说，奇想是一种超前的科学幻想，科学家与发明家应善于在人类的奇想中寻找灵感。

运用奇想资源去突破自我

生活中常常蕴藏着丰富的奇思异想的资源。奇想其实离现实并不是太遥远，许多过去的奇想到了今天已经变成了现实。爱因斯坦经常有奇思妙想，也正因为如此，他才有将奇思妙想变为现实的动力，最终成就了诸多伟大的科学事业。

在 1895 年，美国曾组织一批科学家预测 20 世纪的科技发展。整整一个世纪过去之后，人们惊愕地发现，不少由奇想而激发的重要的科技创新——无线电、飞机、电子计算机、核能等，几乎全在科学家们的预测之内。"奇想"之所以称"奇"，主要是因为奇想含有太多的荒诞，让我们先来看看一些有关太空的奇想。

国外有家广告创意公司，他们为了吸引消费者的注意力，突发奇想，打算推出奇异的"太空广告"。他们设想并计划用火箭将一幅一英里长的巨型广告牌射入太空中，并绕地球运行。除此之外，他们还打算在广告牌上安装超大反光镜，这样一来，即便是地球上的消费者用肉眼也能看清他们的"太空广告"。这种史无前例的创举，人们自然翘首以待。

有几位科学家正在设想研制一种"航天母舰"——所谓海上流动火箭发射场，用他们设想的"航天母舰"发射火箭既省钱又安全。广阔的海域无人居住，所以用"航天母舰"发射火箭万一出现事故，可以大大减轻其破坏程度和人员伤亡。假如"航天母舰"开到赤道附近海域发射火箭还可以最大限度地借助地球自转来获得额外推力。不难想象，"航天母舰"这一奇想如果能实现，将为人类太空研究打开一扇新的"天窗"。

这些奇想或许离现实并不是太遥远，许多昨天的奇想今天已经变成了现实。

达·芬奇的"双头炮"设想

达·芬奇不但是意大利文艺复兴时期著名的艺术家，同时也是一位杰出的自然工程师、科学家。有一次，他的一位朋友从前线回家，达·芬奇抽空去看望朋友，并向朋友详细询问前线的情况。朋友很难过地告诉他："且不说敌人的炮弹可能把人送上天，就是自己的大炮也不保险。"

达·芬奇不解地问道："为什么？"

朋友说："大炮在射击时后坐力太大了，整个炮架往后跳，常常造成事故。我的脚就差点被它撞断。"

达·芬奇说："那可以想办法把后坐力消灭掉。"

"可是到现在，专家们对此还没有什么办法。"

达·芬奇想了想，说："其实，这很简单。把两门炮的尾部对着，一齐发射，后坐力不就互相抵消了吗？这种朝向相反的炮可以叫双头炮。"

朋友大吃一惊喊道："啊！这怎么行？这不是有一门炮往自己阵地打吗？"

确实，达·芬奇的想法荒唐可笑，可是我们不能否认他的思路是正确的，在后坐力产生的同时，如果用一个大小相等、作用相反的力将它抵消，这样一来大炮发射时炮架就不会往后跳。他为后来的研究者指明了方向。

转眼 4 个世纪过去了，美国有一位名叫戴维斯的海军军官，他无意间在一份资料上看到了达·芬奇关于"双头炮"的设想，引起了他极大的兴趣。

在 1914 年，戴维斯经过多次研究，在"双头炮"的基础上制造出了世界上第一门无后坐力炮。这门炮不是用两门炮制成，而是将"双头炮"的两根身管合二为一，并且将两门火炮的发射药背靠背地放在一起。换言之，就是用一根身管和一包发射药使炮弹向两个相反的方向射击。除此之外，他把向自己这方射的炮弹改为大型铅弹。由于铅弹的质量大，发射时只会向后飞行一小段距离。

戴维斯把达·芬奇的设想变成了现实，不过，他并没有满足于此，而是继续往前挺进。后来，他又将铅弹改为假弹，大炮的操作安全又提高了一步。改进后的大炮发射时，假弹变成许多碎片，散落在炮的后面。

戴维斯发明的无后坐力炮受到军队的欢迎。可是士兵们在使用这种无后坐力炮的过程中发现了一些新的问题。其中，最核心的问题依旧是安全问题，因为往后发射的假炮弹有时会击伤操作者。

对于这个缺陷，戴维斯绞尽脑汁，尽管他最终还是没有想出一个更好的解决办法。

直到 20 世纪 20 年代初，英国科学家库克改进了无后坐力炮。他创造性地将无后坐力炮的后半截炮管截去，用"气"代替假弹，也就是说，在炮的尾部装了个喷气管。这大大提高了炮的安全性。这是一个巨大的飞跃。

自此之后，有些兵器专家试图对无后坐力炮做进一步的改进，但都未获得成功。直到 1944 年，英国兵器专家丹尼斯·博尼才实现对它的进一步改进，在前人基础上成功研制出一种反坦克炮。

达·芬奇荒诞不经的"双头炮"设想导致无后坐力炮的诞生，真可谓发明也荒唐。

奇思异想就好比是蒲公英的种子，随风飘舞。生活中蕴藏着丰富的奇思异想的资源，可以列出一大串，从中寻觅一个你感兴趣的设想，作为发明题目，或许会诱发出你的创造灵感，获得惊人的突破。

第三节　拓展思考的空间

并不是说知识越多越不好，但有些时候我们要使自己的头脑变成一片空白，变成一个真空世界，让思维神驰万里，去描绘最好最美的画卷。

突破头脑中那些固有知识的限制

爱因斯坦的二儿子爱德华曾经问过他这样一个问题："爸爸，你究竟为什么成了著名人物呢？"爱因斯坦听后，先是哈哈大笑，然后意味深长地说："你瞧，甲壳虫在一个球面上爬行，可它意识不到它走的路是弯的，而我却能意识到。"面对迅速发展的世界，一日千里的科技，澎湃而来的资讯，我们又该如何去应对？答案就是拓展思考的空间。

要想拓展思考的空间，很多时候需要我们把头脑中固有的知识、传统理念放到一边，以一种外行的、陌生的甚至是孩童式的眼光去审视，思考才可能真正求得突破。

一位老师叫小朋友们到黑板上玩画图接龙的游戏。这个游戏看起来非常简单，不过是参加游戏的人，在别人画的东西上添上几笔，变成一个新的东西。

第一个小朋友画了一个长方形，说："这是一个盒子。"

第二个小朋友添了几条线，说："这是踢橄榄球的球场。"

第三个小朋友添了一个倒写的 Y，说："这是放乐谱的架子。"

第四个小朋友把放乐谱的架子围起来，说："这是一个电灯泡。"

第五个小朋友，添上一笔说："这是她妈妈在穿紧身裤。"

原来，这一笔竟可使原来的一件东西变成这么多新的东西，这才是创意。我们几乎天天都在思考，但思考的空间是否一样呢？答案自然是否定的。

或许大家都听过这个广为传诵的小故事，是说一位作家询问一个放羊娃：

"你放羊干什么？"

"攒钱。"

"攒钱干什么？"

"盖房子。"

"盖房干什么？"

"娶媳妇。"

"娶媳妇干什么？"

"养娃娃。"

"养娃娃干什么？"

"放羊。"

"放羊干什么？"

"攒钱。"

于是，一个新的生命轮回又开始了。

这个故事读来令人忍俊不禁，可是细想起来，其实许多人的思考方式极像这个放羊娃，被困在自己的框子里，在这方小天地里坐井观天，循环往复，周而复始。

在伽利略之前，有很多天文学家曾经在望远镜里看到了月球黑暗的部分里有一些光点，这些光点逐渐变大、变亮，最后与其他光亮的部分合而为一。

这些天文家们开始从"科学的角度"思考，想要寻找"科学而又合理"的答案。但是青年伽利略与那些专家们相比，头脑里装的东西太少，对天文学更是知之甚少，所以他的脑海里并没有框框，思维自然像脱缰的野马。他想，这个现象多像早上的太阳照射在山上，太阳爬得越高，山谷的阴影缩得越小，最后整个山头都照射在阳光之下。于是，伽利略下结论说月球表面一定不是光滑的，一定是高高低低的，就好像地球一样有山有谷的。

当然，事实证明伽利略说得完全正确，但当时伽利略却被当作疯子看待，他曾经到处流浪，躲避教廷的迫害。

适时地让自己的大脑"一片空白"

还有一个类似的例子。

有一年，法国某报进行了一次有奖智力竞赛，其中有如下一道题目："如果法国的博物馆卢浮宫失火了，情况危机，只允许抢救出一幅画，你会救哪一幅？"

于是，成千上万的人涌到卢浮宫去做实地调查，然后开始一一核实每一幅画的价值。人们在众多价值连城的名画世界里，选择着，比较着……他们很难做出最后的抉择，这些艺术珍品都是绝品，并且蕴含着非常高的价值。结果，在该报收到的成千上万个回答中，一个从来没到过卢浮宫的人，却以最佳答案获得试题的奖金。他的回答是："我救离出口最近的那幅画。"其实仔细想想也就想通了，在那种万分危急的情况下，也许离出口最近的那幅画才能获救。

上述两个故事都告诉我们一个道理——拓展思考的空间，我们必须突破头脑中那些固有的知识的限制。

据说，一位大科学家收了个学生，他问这个学生："早上做什么？"

学生很老实地说："找资料。"

科学家又问："中午干什么？"

"做实验。"

"下午干什么？"

"写实验报告。"

"晚上干什么？"

"做明天实验的准备。"

大科学家听完之后，摇了摇头，说道："那么，你用什么时间去思考？"

我们不少人不是天天在忙吗？我们有几个人能够做到拿出一定的时间去思考呢？古人讲"一日三省吾身"，恐怕我们连"一省"都无法做到啊。

综上所述，我们可以得出这样的结论：并不是说知识越多越不好，有些时候我们要使自己的头脑变成一片空白，这样我们的思维才能神驰万里，说不定能有意想不到的收获。

第四节 用热忱铺垫成功的基石

年轻人如果不能从每天的工作中找到乐趣，仅仅是因为要生存才不得不从事工作，仅仅是为了生存才不得不完成职责，这样的人注定是要失败的。

热忱是工作的灵魂

热忱使大胆的樵夫举起斧头，开拓出人类文明的道路；热忱使人们拔剑而出，为自由而战；热忱使弥尔顿和莎士比亚拿起了笔，在树叶上记下他们燃烧着的思想。

我们每个人都欣赏满腔热情工作的人。热忱可以分享、复制，但却不影响原有的程度，它是一项分给别人之后反而会增加的资产。生命中最大的奖励并不是来自财富的积累，而是由热忱带来的精神上的满足。

当你兴致勃勃地工作，并努力使自己的老板和顾客满意的时候，你所获得的利益就会增加。在你的言行中加入热忱，热忱是一种神奇的因素，它能够吸引具有影响力的人，同时也是成功的基石。

诚实、友善、能干、淳朴、忠于职守——所有这些特征对于那些准备在事业上有所作为的年轻人来讲都是不可缺少的，但是更不可或缺的是热忱。年轻人更应该将奋斗、拼搏看作是人生的快乐和荣耀。

英雄、发明家、音乐家、艺术家、诗人、作家、人类文明的先行者、大企业的创造者，不管他们来自什么地区，是什么种族，处于什么时代，那些引导着人类从野蛮社会走向文明的伟人，无不是充满热忱的人。

假如你不能使自己的全部身心都投入到工作中去，那么无论你从事什么工作，都可能沦为平庸之辈。你无法在人类历史上留下任何印记，做事马马虎虎，只有在平平淡淡中了却此生。如果是这样，那么，你的人生结局将和千百万的平庸之辈一样。

爱因斯坦认为，热忱是工作的灵魂，甚至就是生活本身。

当年轻人以为了生存这种状态来工作的时候，他们或许错误地选择了人生的奋斗目标，让他们在天性所不适合的职业上艰难跋涉，白白地浪费精力。他们需要某种内在力量的觉醒，这个世界需要他们做最适合的工作。我们应该根据自己的兴趣把各自的才智发挥出来，根据各人的能力，使它增至原来的 10 倍、20 倍，甚至是 100 倍。

热忱是战胜所有困难的巨大力量，它可以使你保持清醒，可以使你全身所有的神经都处于兴奋状态，去做你内心渴望的事，但是它不能容忍任何有碍于实现既定目标的干扰。

著名的音乐家亨德尔在年幼时，家人不允许他碰乐器，也不让他学习音乐，哪怕是学习一个音符。可是这一切又有什么用呢？在半夜，他总是悄悄地跑到秘密的阁楼里去弹钢琴。

莫扎特在孩提时，每天要做大量的苦工赚取微薄的工资，但是到了晚上他就偷偷地去教堂聆听风琴演奏，并且将他的全部身心都融化在音乐之中。巴赫在年幼时，只能在月光下抄写学习的东西，连点一支蜡烛的要求也被无情地拒绝了。当那些手抄的资料被没收后，他仍旧没有灰心丧气。同样的，皮鞭和责骂反而使儿童时代充满热忱的奥利·布尔更专注地投入到他的小提琴曲中去。

没有热忱，雕塑就不会栩栩如生，军队就不能打胜仗，音乐就不会如此动人，给人们留下深刻印象的雄伟建筑就不会拔地而起，人类就没有驾驭自然的力量，诗歌就不能打动人的心灵，这个世界上也就不会有慷慨无私的爱。

博伊尔曾经说："伟大的创造,如果离开了热忱,是无法做出的。这也正是一切伟大事物激励人心之处。如果离开了热忱,任何人都算不了什么;而有了热忱,任何人都不可以小觑。"

热忱,是所有伟大成就的取得过程中最具有活力的因素。它融入了每一尊雕塑、每一项发明、每一幅书画、每一首伟大的诗、每一部让世人惊叹的小说或文章当中。它是一种精神的力量。只有在更高级的力量中,它才会生发出来。在那些为个人的感官享受所支配的人身上,你是不会发现这种热忱的。它的本质就是一种积极向上的力量。

成功与其说是取决于人的才能,不如说取决于人的热忱。这个世界为那些具有真正的使命感和自信心的人大开绿灯,到生命终结的时候,他们依然热情不减当年。不管遇到什么困难,无论前途看起来是多么的暗淡,他们总是相信能够把心目中的理想图景变成现实。

最好的劳动成果总是由头脑聪明并具有工作热情的人完成的。在一家大公司里,那些吊儿郎当的老职员们嘲笑一位年轻的同事的工作热情,因为这个职位低下的年轻人做了许多自己职责范围以外的工作。然而不久他就从所有的雇员中被挑选出来,当上了部门经理,进入了公司的管理层,令那些嘲笑他的人瞠目结舌。

热忱使我们的意志更坚强,热忱使我们的决心更坚定。它给思想以力量,促使我们立刻行动,直到把可能变成现实。不要畏惧热忱,如果有人以半怜悯、半轻视的语调称你为狂热分子,无须去理会。一件事情如果在你看来值得为它付出,如果那是对你的努力的一种挑战,那么,就把你能够发挥的全部热忱都投入到其中去吧,至于那些指手画脚的议论,则大可不必理会。笑到最后的人,才笑得最好。成就最多的,从来不是那些半途而废、犹豫不决、冷嘲热讽、胆小怕事的人。

如果一个人将他所有的精力高度集中于他所做的事情,是根本没有时间去考虑别人的评价的,而世人也终究会承认他的价值。

对你所做的工作,要充分认识到它的价值和重要性,它对这个世界来说是不可或缺的。把它当作你特殊的使命,全身心地投入到你的工作

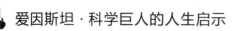

中去，把这种信念深深植根于你的头脑之中。

就像美一样，源源不断的热忱让你永葆青春，使你的心中永远充满希望。记得有一位伟人如此告诫世人："请用你的所有，换取对这个世界的理解。"我要这样说："请用你的所有，换取满腔的热情。"

积极热情的奇效

热情可以化悲观为乐观，化失败为成功，化懒惰为勤奋。

无论你所处的环境多么恶劣，也不管你肩上的担子有多重，只要你凡事都充满热情地去做，拿出你蕴藏于身的所有潜力来，这股力量可以立即改变你人生中的任何层面，你绝对有能力把被动局面扭转过来，所做过的美梦终会有成真的一天。

玫琳·凯是美国最成功的女性之一，起初，她从事的是图书推销的工作。1963年下半年，她开办了玫琳·凯化妆品公司，现在这家公司拥有375,000个美容顾问，年零售额为20亿美元。"玫琳·凯式的热情"已经成为一个代名词，这为她的成功蒙上了一层神秘的面纱。

但玫琳·凯却道破了其中的秘密："有人说我是天生的销售人员，因为我十分热爱销售工作。其实和我在一起的销售人员，他们比我更有才能，我的销售额之所以比他们多，这是因为我比他们具有更多的热情。热情是销售人员成功的一种天赋神力，是销售成功与否的首要条件。"

"热情的力量真的很大，当这股力量被释放出来，并不断用自己的信心补充能量时，它就会形成一股不可抗拒的力量，足以令你克服一切困难。"

"在销售中，你可以将这股力量传给任何一位客户，你要知道，热情可以激发他人的想象力，激发他人的购买欲。"

热情能够弥补很多不足，常常可以感染他人，唤起他人的激情回应，它可以帮助我们摆脱困境，踏平坎坷，弥补我们在专业领域内技巧的不足。我们在做事情的时候，投入的热情愈多，事情就愈显得容易。当你认真做，一切都变得很有可能，没有什么是太麻烦或太困难的。障碍就好比是田径赛的栅栏一样，等着被我们征服。反之，投入的热情少，任何事都会对你造成麻烦，事事让你感到棘手、头痛，精力与信心也跟着低落，就像必须用双手推动一座顽强牢固的墙似的，费好大的劲儿才能完成某件事情。

热情常常能够力挽狂澜，将失败转化为成功。在经商的过程中，如果你对自己的产品都缺乏热情，怎么能指望客户会产生兴趣？当有一个朋友这样热情地对你说："走吧，今晚的电影听说棒极了！"你一定会被他的热情所感染。而如果换成另一个心情沮丧的人对你说："真是无聊极了，去看场电影吧。"你又将感觉如何呢？

热情是具有传染性的。一个热情的人，他所到之处，在人群中就会散发着暖意，将一切偏见和敌意融化，让交往对象敞开心扉。当一群人都处在沉闷的气氛中，只需一位热情的人加入，就能使每个人笑逐颜开，并且大家能唱起歌、跳起舞。所以，热情可以使你结交很多朋友，也可以让陌生人对你微笑。热情也是自信的创造者，甚至是胜利和成功的必需工具。

一位工程师带着他的团队修筑一条河堤，突然暴风雨来临，所有的机器设备都来不及撤走，被大水淹没了，刚刚起步的工程也全被摧毁。

洪水退去后，留下遍地泥泞和乱七八糟的机器。工人们看到被破坏的工地，不禁悲从中来。

工程师笑着问大家："你们怎么都哭丧着脸？"

他们哭丧着脸说："你没看见吗？我们的工地全完了！"

工程师爽朗地说："我不这样觉得，尽管现在遍地泥泞，机器东倒西歪布满泥浆。但我看到的是蔚蓝的晴空，当太阳出来后，泥泞还会长久吗？"

　　这位工程师就是后来成为汽车业巨子的亨利·福特。

　　如果我们以积极的心态面对突然出现的困难，会不难发现，并非全无希望，振作精神就一定能够将希望实现。热情可以使每一个人都爱自己的事业，爱自己的工作，甚至爱一起工作的伙伴们。除此之外，热情也是一种兴奋剂，使你在每天清晨醒来都充满希望，就好像脚下有了动力，心里有了温暖，眼睛也炯炯有神了。

第五节　把工作当成人生的乐趣

　　如果一个人鄙视、厌恶自己的工作，那么他必遭失败。吸引成功者的磁石不是对工作的鄙视与厌恶，而是真挚、乐观的精神和百折不挠的毅力。

兴趣催生百折不挠的意志

　　爱因斯坦所著的《爱因斯坦文集》第三卷中有这样一句话："兴趣是最好的老师，它可激发人的创造热情、好奇心和求知欲。由百折不挠的信念所支持的人的意志比那些似乎是无敌的物质力量有更强大的威力。"

　　人生最有意义的就是工作，与顾客、生意伙伴见面是一种乐趣，与同事相处是一种缘分。

即便是你的处境再不尽如人意，也不应该厌恶自己的工作，世界上再也找不出比这更糟糕的事情了。假如环境迫使你不得不做一些令人乏味的工作，你就要想方设法使之充满乐趣。用这种积极的态度投入工作，不论做什么，都很容易收到良好的效果。

人可以通过工作来获取经验、知识和信心，可以通过工作来充实自己。你对工作投入的热情越多，决心越大，工作效率就越高。当你抱有热情的态度，上班就不再是一件苦差事，工作也能变成一种乐趣，自然而然的，就会有许多人愿意聘请你来做你所喜欢的事。工作是为了自己更快乐。

有很多在大公司工作的员工，他们拥有渊博的知识，受过专业的训练，他们朝九晚五穿行在写字楼里，有一份令人羡慕的工作，拿一份不菲的薪水，可是他们并不快乐。他们是一群孤独的人，不喜欢与人交流，不喜欢星期一；他们精神紧张、未老先衰，常常患胃溃疡和神经官能症，他们的健康真是令人担忧；他们视工作如紧箍咒，仅仅是为了生存而不得不出来工作。

当你在乐趣中工作，如愿以偿的时候，就该爱你所选，不轻易变动。如果你开始觉得压力越来越大，情绪越来越紧张，在工作中感受不到乐趣，没有喜悦的满足感，这就说明有些事情发生了偏差。假如我们不从心理上调整自己，即使换再多份工作，也不会有所改观。

一个人工作时，如果能以精益求精的态度，火焰般的热忱，充分发挥自己的特长，那不论做什么样的工作，都不会觉得辛劳。假如我们能以满腔的热忱去做最平凡的工作，也能成为最精巧的艺术家；如果以冷淡的态度去做最不平凡的工作，也绝不可能成为艺术家。各行各业都有发展才能的机会，实在没有哪一项工作是可以藐视的。

爱因斯坦在工作时一直强调，无论你的工作是怎样的卑微，都当付之以艺术家的精神，当有十二分的热忱。那么，你就可以从平庸卑微的境况中解脱出来，不再有劳碌辛苦的感觉，厌恶的感觉也自然会烟消云散。

常常会有一些刚刚毕业的大学生抱怨自己所学的专业，于是专家试着向他们提出这样的问题：假如你所学的专业与个人的志趣南辕北辙，那当初为什么会选择它呢？假如你已经为你的专业付出了4年的时光，甚至更多的时间，这说明你对自己的专业尽管谈不上热爱，但至少可以忍受。

所有的抱怨不过是逃避责任的借口，对自己、对社会都是不负责任的。想一下亨利·凯撒——一个真正成功的人，不仅因为冠以其名字的公司拥有10亿美元以上的资产，更是因为他的慷慨和仁慈，让许多哑巴会说话，让许多跛者过上了正常人的生活，使穷人以低廉的费用得到了医疗保障……所有这一切都是由凯撒的母亲在他的心田里所播下的种子生长出来的。

玛丽·凯撒给了她的儿子亨利世界上最昂贵的礼物——教他如何应用人生最伟大的价值。玛丽在工作一天之后，总要花一段时间做义务保姆工作，帮助不幸的人们。她常常对儿子说："亨利，不工作就不可能完成任何事情。我没有什么可留给你的，只有一份无价的礼物：工作的欢乐。"

如果你将个人兴趣和自己的工作结合在一起，如果你掌握了这样一条积极的法则，那么，你的工作将不会显得辛苦和单调。兴趣会使你的整个身体充满活力，即便是你在睡眠时间不到平时的一半、工作量增加两三倍的情况下，也不会觉得疲劳。

工作不仅是为了满足生存的需要，也同样是实现个人人生价值的需要，一个人不能无所事事地终老一生，需要试着将自己的爱好与所从事的工作结合起来，不论我们做什么，都要乐在其中，而且要真心热爱自己所做的事。

罗斯·金说："只有通过工作，才能保证精神的健康；在工作中进行思考，工作才是件快乐的事。两者密不可分。"

不要吝啬自己的微笑

微笑来自快乐，它带来快乐，也创造快乐。美国有一句名言："乐观是恐惧的杀手，而一个微笑能穿过最厚的皮肤。"它形象地说明了微笑具有不可抵挡的力量。

一个微笑不费分毫，如果你能始终慷慨地向他人行销你的微笑，那你获得的回报将不仅仅是一个微笑，你将获得丰厚的报酬，你将获得长期的客户关系，你将获得事业的成功。

有这样一则笑话：几位医生纷纷夸耀自己的医术高明。一位医生说他给聋子安上了合适的助听器，使他成为一名音乐家；另一位医生说他给跛子接上了假肢，使他成为一名足球运动员；而美容大夫说，他给傻子添上了笑容，结果那位傻子成了一名国会议员。这则笑话虽有些夸张，却也能从一个侧面说明微笑具有多么大的魅力。

无论你周遭的事情是怎样的不顺利，你都应努力去适应你的环境，使你自己从不幸中挣脱出来。你应面对光明，背向黑暗，阴影自会留在你的后面。

我们应该把忧郁快速地驱逐出心境，让愉快、希望、乐观的阳光照耀，我们不能紧闭心扉，企图以内在能量驱散黑暗。如果敞开心扉，外面射入的一缕阳光会立刻消除黑暗，驱除出那些只能在黑暗中生存的心魔。如果你要想获得别人的喜欢，就要真正的微笑。真正的微笑，是一种令人心情温暖的微笑，一种发自内心的微笑，这种微笑才能在"市场上卖得好价钱"。

布里斯是加州一家电器公司的销售员，结婚已有 8 年之久，他每天早上起床之后草草地吃过早餐，与妻子孩子打声招呼后便匆匆去上班了。他是工作群体中最闷闷不乐的人。在生活里，他也很少对太太和孩子微笑，或对她们说上几句话。

后来，布里斯的一个好朋友琼告诉他，如果他继续这样下去，周围的人，不管是亲人还是朋友都会疏远他。布里斯也意识到了这一点，于是，他决定试着去改变自己，尽量向别人微笑。

布里斯在早上梳头的时候，看着镜子中满面愁容的自己，就会对着镜子里的自己说："布里斯，你今天要把脸上的愁容一扫而光，你要微笑起来，你现在就开始微笑！"

当布里斯下楼坐下来吃早餐的时候，他以"早安，亲爱的"跟太太打招呼，同时对她微笑。

布里斯太太看到他这一反常态的举动，被搞糊涂了，她惊愕不已。从此以后，布里斯每天早晨都这样做，坚持了很长一段时间。这种做法在这两个月中改变了布里斯，也使布里斯全家的生活氛围发生了前所未有的变化，让他们都觉得比以前幸福多了。

布里斯说："现在，我每次去上班的时候，就会对大楼的电梯管理员微笑着说一声'早安'。我微笑着向大楼门口的警卫打招呼。当我跟地铁收银小姐换零钱的时候，我对她微笑。当我在客户公司时，我对那些以前从没见过我微笑的人微笑。我很快发现，每一个人也对我报以微笑。我以一种愉悦的态度来对待那些满腹牢骚的人。我一面听着他们的牢骚，一面微笑着，于是问题就更容易解决了。我发现微笑带给了我更多的收入。"

当你感觉到忧郁、失望时，你要学会努力改变环境。无论遭遇如何，不要反复想到你的不幸，不要过多地去考虑目前使你痛苦的事情。要想那些最愉快、最欣喜的事情，要以最宽厚、亲切的心情对待人，要说那些最有趣、最和蔼的话，要以最大的努力来发现快乐，要喜欢你周围的人。这样，你很快就会经历一个神奇的精神变化，遮蔽你心田的阴影就会逃走，而快乐的阳光将会照耀你的全部生命。微笑源自快乐，也能创造快乐，成功者从不会吝惜自己的微笑。

第六节　无限风光在险峰

对未知因素和风险总是考虑得太清楚，结果往往是畏首畏尾；不敢冒一点险，结果聪明反被聪明误，永远只能"糊口"而已。

敢于冒险的人才能收获常人无法取得的成功

敢于冒风险的人才能收获常人无法取得的成功。爱因斯坦从小就不被人看好，即使这样，他仍旧是个敢想、敢于实验的人，最终将很多人们眼中的不可能变为可能。

正所谓："不入虎穴，焉得虎子？"世界的改变和生意的成功常常属于那些敢于抓住时机、大胆冒险、不放弃有利机会的人。

其实，如果能从风险的转化和准备上进行谋划，那么风险就不那么可怕了。然而，世界上大多数人却不敢走这条冒险的荆棘之路。他们熙来攘往地拥挤在平平安安的大路上，四平八稳地走着，这路虽然平坦安宁，可是距离人生风景线却迂回遥远，他们永远也无法领略到奇异的风情和壮美的景致，只能在拥挤的人群里争食，闹得薄情寡义也仅仅是为了吃饱穿暖，养活孩子。而这岂不也是一种风险吗？

甘布士的"糊涂行径"

美国的百货业巨子约翰·甘布士就是一个敢于冒险、善于冒险的勇士。他的经验之谈非常简单："不放弃任何一个哪怕只有万分之一可能的机会。"

有不少聪明人对此不屑一顾，理由是：第一，希望微小的机会，实现的可能性不大；第二，假如去追求只有万分之一的机会，倒不如买一张奖券碰碰运气；第三，根据以上两点，只有傻瓜才会相信万分之一的机会。

而约翰·甘布士却不为所动，坚持自己的观点，并因此抓住了机会，战胜了逆境，并最终取得了成功。

有一次，甘布士所在的地区经济陷入萧条，不少工厂和商店纷纷倒闭，被迫以低廉的价格抛售自己堆积如山的存货，价钱低到 1 美金可以买到 100 双袜子了。

当时，约翰·甘布士还是一家织造厂的小技师，手里并没有太多积蓄，可是他马上把自己积蓄的钱用于收购低价货物，人们都公然嘲笑他是个蠢材。

约翰·甘布士对别人的嘲笑漠然置之，仍然到处收购各工厂抛售的货物，并把一个很大的货仓租下来，用于放置货物。

妻子也劝他，不要购入这些别人廉价抛售的东西，毕竟他们历年积蓄下来的钱数量有限，是准备用做子女未来的教育经费的。如果此举血本无归，将来孩子靠什么上学呢？

面对妻子的担忧，甘布士笑着安慰道："给我 3 个月的时间，我们就可以靠这些廉价货物发大财。"

看起来，甘布士的话似乎无法实现。过了 10 多天后，那些工厂贱价抛售也找不到买主了，便把所有存货用车运走烧掉，通过这个办法来稳定市场上的物价。

太太看到别人已经在焚烧货物，更加焦急万分，抱怨起甘布士，对于妻子的抱怨，甘布士默不作声。

没过多久，美国政府为了防止经济形势继续恶化，采取了紧急行动，稳定了但维尔地方的物价，并且大力支持那里的厂商复业。直到这时，维尔地方因焚烧的货物过多，存货欠缺，物价开始飞涨起来。约翰·甘布士马上将自己库存的大量货物抛售出去，这起到了一举两得的作用：一来自己赚了一大笔钱，二来使市场物价得以稳定，不致过度暴涨。在他决定抛售货物时，妻子又劝告他暂时不忙把货物出售，因为物价还在一天一天飞涨。

他平静地说："现在已经到了抛售的时候了，再拖延一段时间，就会后悔莫及。"

果不其然，甘布士的存货刚刚售完，物价便开始下跌。他的妻子也对他的远见钦佩不已。后来，甘布士用这笔赚来的钱开设了 5 家百货商店，业务也十分发达。现如今，甘布士已成为全美举足轻重的商业巨子，他在一封给青年人的公开信中诚恳地说道："亲爱的朋友，我认为你们应该重视那万分之一的机会，因为它将给你带来意想不到的成功。有很多人曾经这样说过，这种做法是傻子行径，比买奖券的希望还渺茫。我认为这种观点有些偏颇，因为开奖券是由别人主持，丝毫没有你的主观努力，但这万分之一的机会却完全要靠你自己的主观努力去完成。"

茫茫世界风云变幻，漫漫人生沉浮不定，而未来的风景却隐在迷雾中，向那里进发，有坎坷的山路，也有阴晦的沼泽，深一脚浅一脚，虽然有危险，但这却是在有限的人生中通往成功与幸福的捷径。你的才华，你的能力，只有通过冒险，通过克服一道道难关才能锻炼和展现出来。

第 6 章

利用生命中的每一分钟——时效力

　　无论是谁，如果不趁年富力强的黄金时代去培养自己善于集中精力的好习惯，那么他以后一定不会有什么大成就。世界上最大的浪费，就是把一个人宝贵的精力无谓地分散到许多不同的事情上。一个人的时间有限、能力有限、资源有限，想要样样都精、门门都通，绝不可能办到，如果你想在某些方面取得一定成就，就一定要牢记这条法则。

第一节 注重时间的价值

大量的机遇就蕴含在点点滴滴的时间当中。浪费时间往往是绝望的开始，也是幸福生活的扼杀者……明天的幸福就寄寓在今天的时间中。

浪费时间是生命中最大的错误

爱因斯坦是个非常珍惜时间的人。有一次，天下着毛毛雨，爱因斯坦头戴宽边帽，在桥上来回踱步，时而停下来思考，时而提笔在卡片上写着什么。

凑巧，他的一位朋友坐着马车过来，探出头问："你在这儿干什么呢？""噢，我是应约在等一个学生。"朋友下了车又问："瞧，衣服都湿了，一定等了好长时间，不可惜您的时间？"这时，爱因斯坦举起手中的卡片一晃说："不，不！我非常有益地度过了这段时间，在这段时间里，我有了一个出色的想法呢！"

当《世界上最伟大的推销员》中的主人公海菲已经是当地很有名的一位推销员时，他有时也在考虑一个问题：如何使我的生命延长，如何增加人生的价值，创造更多的财富呢？于是，他大胆设想：假如今天是我生命中的最后一天。我会怎么办呢？我要如何利用这最后、最宝贵的一天呢？

这时，他会在"羊皮卷"中寻求答案："这是我生命仅有的一天，是现实的永恒。我像被赦免死刑的罪犯，用喜悦的泪水拥抱新生的一天。

我举起双手，感谢这无比珍贵的一天。当我想到昨天和我一起迎接朝阳的朋友，今天已不复存在时，我为自己的幸存，感激上帝。我是十分幸运的人，今天的时光是额外的奖赏。许多成功者都先我而去，为什么我得到这额外的一天？是不是因为他们已大功告成，而我尚在旅途行走？如果这样，这是不是成就我的一次机会，让我功成名就？上帝的安排是否别具匠心？今天是不是我超越他人的机会？对任何人而言，生命只有一次，每个人的人生也不过是时间的累积。如果让今天的时光白白流逝，就等于毁掉人生最后一页。所以，我们要倍加珍惜今天的分分秒秒，因为它们将如流水一去不复返。谁都无法把今天存入银行，明天再来取用。时间像风一样无法抓住。此刻的一分一秒，每个人都要用双手捧住，用爱心去抚摸，因为它们弥足宝贵。没有人能计算时间的价值，因此它们是无价之宝！"

看完这些，海菲心潮澎湃，他意识到时间的珍贵，他开始珍惜自己拥有的分分秒秒，绝不浪费一点光明，抓住了时间之手的他也抓住了人生的命脉，获得了人生的成功。

其实，我们仔细观察不难发现，每一个成功者都如同海菲一样非常珍惜自己的时间。无论是老板还是打工族，一个做事有计划的人总是能判断自己面对的顾客在生意上的价值，如果有很多不必要的废话，他们都会想出一个收场的办法。同时，他们也绝对不会在别人的上班时间去海阔天空地谈些与工作无关的话，因为这样做实际上是在妨碍别人的工作，浪费别人的生命。

在美国近代企业界里，与人接洽生意能以最少的时间产生最大效率的人非金融大王摩根莫属。为了珍惜时间，他招致了许多怨恨。

每天上午9点30分，摩根准时进入办公室，下午5点，他又准时回家。有人对摩根的资本进行了计算后说，他每分钟的收入是20美元，但摩根说好像不止这些。所以，除了与生意上有特别关系的人商谈外，他与人谈话绝不在5分钟以上。

在一般情况下，摩根总是在一间很大的办公室里，与许多员工一起工作，他不是一个人待在房间里工作。摩根会随时指挥他手下的员工，按照他的计划去行事。如果你走进他那间大办公室，是很容易见到他的，但如果你没有重要的事情，他是绝对不会欢迎你的。

摩根能够轻易地判断出一个人来接洽的到底是什么事。当你对他说话时，一切转弯抹角的方法都会失去效力，他能够立刻判断出你的真实意图。这种卓越的判断力使摩根节省了许多宝贵的时间。有些人本来就没有什么重要事情需要接洽，只是想找个人来聊天，而耗费了工作繁忙的人许多重要的时间。摩根对这种人简直是恨之入骨。

一位作家在谈到"浪费生命"时这样说道："如果一个人不争分夺秒、惜时如金，那么他就没有奉行节俭的生活原则，也不会获得巨大的成功。而任何伟大的人都争分夺秒、惜时如金。"

"浪费时间是生命中最大的错误，也最具毁灭性的力量。大量的机遇就蕴含在点点滴滴的时间之中。浪费时间是多么能毁灭一个人的希望和雄心啊！它往往是绝望的开始，也是幸福生活的扼杀者。年轻生命最伟大的发现就在于时间的价值……明天的财富就寄寓在今天的时间之中。"

一天，几个物理学家开车去爱因斯坦的家，想请他去看一出新戏。爱因斯坦正在书房认真地写科学论文。"亲爱的博士，请你休息一下，和我们去看戏吧！"

爱因斯坦头也没有抬，冷冷地说："我没工夫看戏。""博士，我们有车送你，花不了你多少时间。"物理学家们答道。

"行了，不用劝我。"爱因斯坦抬头看着几位物理学家，语重心长地说，"等你们活到 60 岁，就会感到时间的珍贵。"

物理学家们惭愧地低着头，悄悄地退出爱因斯坦的书房。

爱因斯坦无论青年还是晚年时，都十分珍惜时间，把时间都花在自然奥秘的探索上面了。

人人都须懂得时间的宝贵，所谓"光阴一去不复返"。当你踏入社会开始工作的时候，一定是浑身充满干劲的，你应该把这干劲全部用在事业上，不管你做什么职业，都要努力工作，刻苦经营。假如能一直坚持这样做，那么这种习惯一定会给你带来丰硕的成果。

歌德曾经说："你最适合站在哪里，你就应该站在哪里。"这句话是对那些三心二意者的最好劝诫。

睿智而节俭的人不会浪费时间，他们把点点滴滴的时间都看成是浪费不起的珍贵财富，把人的精力和体力看成是上苍赐予的珍贵礼物，它们如此神圣，绝不能胡乱地浪费掉。

珍惜时间使生命更加珍贵

时间就是生命本身，时间就是金钱，时间也是独一无二的，对每个人来说都是只有一次的宝贵资源。每个人的人生旅途都是在时间长河中开始的，每个人的生命都是随着时间的推移而发展的。只有那些能把握时间、会利用时间的人，才能最早接近成功的终点。时间总是在不经意间悄悄溜走，如果不去主动抓住它，它永远不会停留。世界上只有一种东西平等地属于每一个人，那就是时间，在时间面前没有高低贵贱之分。因为对时间利用的差异，将会导致贫富贵贱的差别。

瑞士是世界上第一个实行电子户籍卡的国家，只要有婴儿降生，医院就会立刻用计算机网络查看他是这个国家的第几位成员，然后，这个孩子就拥有了自己的户籍卡，在这个户籍卡上标明了他的姓名、性别、出生日期、家庭住址等相关信息。与其他国家不同的是，每一个初生的孩子都有财产这一栏，因为他们认为孩子降临到这个世上就是一笔伟大的财富。

有一次，一个电脑黑客入侵了瑞士的户籍网络，他希望为自己在瑞士注册一个虚拟的儿子，在填写财产这一栏时，他随便敲了一个数——5万瑞士法郎。然而，他没有想到的是，这个自认为天衣无缝的行动在第二天就被发现了。

奇怪的是，发现这个可疑孩子的并不是瑞士的户籍管理人员，而是一位家庭主妇。

这位妇女在互联网上为自己新出生的女儿注册时，发现排在她前面的那个孩子的个人财产上写的是5万瑞士法郎，这引起了她的怀疑，因为所有的瑞士人在自己的孩子个人财产这一栏上写的都是"时间"，因为瑞士人认为时间是孩子一生的财富。

所以哪怕你出生在一个经济拮据的家庭，只要你拥有宝贵的时间，依然对生活抱有希望，那么你就是一个富有的人。

对于一个人来说，生命是最重要的。一个生命降临到这个世界上，在以后的日子里，他要走过几十年的时间，而时间也就是他最初的财富。时间在一分一秒地过去，他的生命也在一点一点地减少，财富也就随之减少了。

人们说时间就是金钱，这种说法低估了时间的价值，时间远比金钱更宝贵。即使我们富可敌国，也不会为自己买下比任何人多一分钟的时间。有的人用一生的时间追求权力和金钱，但是到最后当他们不再年轻的时候，才知道原来时间就是他最大的财富，拥有一切的时候却发现自己变穷了，因为时间永远都不可能再回来，他失去了最初的财富。

很多伟人为什么能够名垂千古，一个重要的原因就在于他们非常珍惜时间。他们在一生有限的时间里，争分夺秒地为实现自己的人生目标不停地努力、奋斗。意大利文艺复兴时期，几乎所有的文学创作者同时又都是就就业业的商人、政治家、医生、法官或是士兵。以现在人均寿命 70 岁计算，人一生将占有 60 多万个小时，即便是除去休息时间也有 35 万多个小时。但是人对实际时间的利用和发挥是不一样的，因而实际生命的长短也是不一样的。对于挤时间的人来说，时间是在不断增加的，甚至是成倍地增加。浪费自己的时间是自杀，浪费别人的时间是谋财害命。

富兰克林说："如果想成功，就必须重视时间的价值。"时间像是海绵，要靠一点一点地挤；时间更像边角料，要学会合理利用，一点一滴地积累。人生由时间组成，不珍惜时间就是不珍惜自己的生命。有时候，我们不但自己不在意宝贵的时间，而且还拖累别人跟自己去消磨时间。这是一件很残忍的事情，也是不道德和不尊重人的表现。

你可能没有莫扎特的音乐天赋，也没有比尔·盖茨那般富有，但是有一样东西，你拥有的和别人一样多，那就是时间。每个人每天都拥有 24 个小时，但不同的是，有的人会有效地利用时间，合理地安排时间，从闲暇中找出时间。人生，其实就是和时间赛跑。人人都有可能是胜利者。只有不参加的人，才是失败者。

第二节　懂得适时地放弃

敢于放弃是一种智慧，也是时间管理上的一门学问。只有先放弃了一件事情，才会有另一件事情的开始。

"放下"是时间管理的最高技巧

时间管理最重要的就是要懂得放下，懂得放弃，而"放下"也是时间管理的最高技巧。

有一天深夜，爸爸加班回家，发现客厅的灯还亮着，5 岁的儿子等他等很久了，儿子说道："爸爸，我可以问你一个问题吗？"

爸爸很累，语气有点不耐烦："什么问题？"

"爸，请问你 1 个小时可以赚多少钱？"

爸爸认为这么小的孩子不会有什么金钱概念。"你不需要知道这些，赶快去睡觉。"

"我只是想知道，你加班 1 个小时赚多少钱。"孩子不肯罢休。

爸爸执拗不过小孩，就在心里盘算了一下，说"加班 1 小时，差不多是 20 块。"

"那你可以借我 10 块钱吗？"

"你要 10 块做什么？"

"现在不能说。"小孩说。

"不行。"爸爸认为，10 块对一个 5 岁小孩来说太多了："赶快去睡觉，你的玩具已经够多了，如果想要买玩具，先要问妈妈。爸爸这么累了，你不要吵。"

眼看爸爸有点生气，小孩安静地回到自己的房间里。跟很多随便对小孩发小脾气的大人一样，爸爸上床前有点懊悔，也许自己对儿子太凶了，只是 10 块钱嘛，也许他想储蓄。他悄悄打开儿子的房间，小孩还没睡。"给你 10 块钱，但你不要乱花哦。"

小孩笑了："谢谢爸爸，我最爱你了。"

接着，他从自己枕头底下拿出了一些皱皱的钞票和零散的硬币，小心翼翼地数着。

"你已经有钱了，为什么还要跟我要？要这么多钱做什么？"爸爸惊呼道。

"爸爸，这给你。"小孩把那一沓钱交到父亲手里，"总共 20 块，买你 1 小时，明天你可以回家陪我吃晚餐吗？"

对于那些辛苦劳碌并为生活拼命的父母来说，这是一个令人心酸的

故事，但这又是实实在在发生在我们身边的故事。那些没有时间陪孩子的父母，也一定有自己难以言表的苦衷。毕竟世界上没有一家企业，喜欢听员工以"我要回家陪孩子"为借口而请假离开工作岗位。

随着现代社会的飞速发展，人们的压力都非常大，如果以陪孩子的理由拒绝加班，那你就有可能会永远待在家里陪孩子了。可我们必须注意的是，在这个世界上，还是不乏一些优秀的父母，他们不会因为工作忙而忽略了孩子，即使没时间陪他们，也让他们感觉到自己不回家或回家晚的苦衷。

对于那些没有时间的人，最好的办法，不是去办公室指着老板骂道："你是个资本家，你剥夺了我回家陪孩子的时间，从此以后我拒绝加班！"而是应该尝试改变自己的工作习惯，让自己的工作更有效率，速度更快、更好，这样至少不用每天加班了。

那些懂得放弃的人，也许会在失去某些东西的同时，得到更多的东西。没有人会因为你工作时间长，而觉得你很努力。任何一家企业，他们看的是业绩，而不是你工作了多长时间，加了多长时间的班。

敢于放弃是一种智慧

李开复在美国的时候，如果不是因为那次重要的决定，他到现在都还有可能只是美国一个小镇上名不见经传的律师。

李开复考上了哥伦比亚大学的法律专业后，被很多人羡慕，觉得以后从事法律工作将会是一件很体面的事情。

然而，李开复却发现自己真正的兴趣并不在法律上，每次上专业课时，他总是打不起半点精神，甚至还常常在课上昏昏欲睡。

就在这个时候，他接触到了计算机，很快他就喜欢上了计算机。每天，他都在疯狂地练习编程。老师和同学都对他的"不务正业"而感到惊讶。最终在李开复大二的时候，他做出了一个重大决定：放弃自己的专业，转入计算机系学习编程。

在那个时代，计算机还属于高科技的产品，哥伦比亚的计算机系也只是刚刚成立，很少有学生报名学习。

从受人尊敬的律师转到一个前途未卜的领域里来，这让认识他的人都深为不解。许多朋友都劝他三思而行，不要放弃前途光明的法律专业，但李开复却毅然地决定坚持自己的选择。因为他知道，人的生命只有一次，不应该浪费在自己不喜欢的事情上，而应用自己一生的时间去学习和研究自己感兴趣的领域。

没想到的是，他一入计算机领域，便如鱼得水，整个身心充满了激情。后来，他又进入卡内基梅隆大学，继续攻读计算机方面的硕士及博士，并获得了计算机专业博士学位。他开发的"语音识别系统"获得了《美国商业周刊》最重要发明奖。他于1998年加盟微软，创立了微软亚洲研究院。2000年他升任微软全球副总裁，是微软高层里职位最高的华人。2006年他又出任Google公司全球副总裁、中国区总裁。

敢于放弃是一种智慧，也是时间管理上的一门学问。只有先放弃了一件事情，才会有另一件事情的开始。敢于放弃，懂得适时地放弃，也是需要阅历和智慧的。放弃并不是放任自流，而是要学会自己掌握自己的想法、自己的未来、自己的命运。

国王亚瑟被俘，按照法律应该被处死，但对方国王见他年轻乐观，十分欣赏，他要求亚瑟回答一个十分为难的问题，如果回答出来就可以得到自由。这个问题就是："女人真正想要的是什么？"

亚瑟开始向身边的每个人征求答案：公主、牧师、宫女、智者……结果没有一个人能给他满意的回答。

有人告诉亚瑟，郊外的阴森城堡里住着一个老女巫，据说她无所不知，但收费高昂、要求离奇。眼看期限马上就到了，亚瑟别无选择，只好去找女巫，女巫答应回答他的问题，但条件是，要和亚瑟最高贵的圆桌武士之一，他最亲近的朋友加温结婚。

亚瑟惊讶极了，眼前的女巫丑陋不堪、驼背，只有一颗牙齿，身上散发着臭水沟难闻的气味……而加温诚实善良、高大英俊，是最勇敢的武士。他艰难地说："不，我不能为了自由强迫我的朋友娶你这样的女人！否则我一辈子都不会原谅自己。"加温知道这个消息后，对亚瑟说："我愿意娶她，为了你和我们的国家。"

女巫回答了这个问题："女人真正想要的，是主宰自己的命运。"

每个人都知道女巫说出了一条伟大的真理，于是亚瑟自由了。

婚礼上女巫用手抓东西吃，说脏话，打嗝，令所有的人都感到恶心，亚瑟也在极度痛苦中哭泣，加温却一如既往的谦和。

新婚之夜，加温不顾众人劝阻坚持走进新房，准备面对一切，但是，一个从没见过面的绝世美女却躺在他的床上。女巫说："我在一天的时间里，一半是倾城的美女，一半是丑陋的女巫，加温，你想我白天或是夜晚是哪一面呢？"

这是个如此残酷的问题，如果你是加温，你会做怎样选择呢？

加温回答道："既然你说女人真正想要的是主宰自己的命运，那么就由你自己决定吧！"女巫终于热泪盈眶："我选择白天夜晚都是美丽的女人，因为我爱你！"

任何一个人都是自己命运的主宰者，都有权决定和选择自己的命运。只有给别人以选择自己命运的权利，自己才会得到升华，得到别人的尊敬。学会放下，你会发现，原来事情比你想象中的要美好。

学会适时的放弃，就等于自己站在了一个更新更高的起点上，自己对事情会看得更远，更透彻。所以，请记住苏格拉底的那句名言：人生本来就需要放弃。当你懂得放下的时候，你就会豁然开朗，懂得什么是生活了。

第三节 不要追求事事完美

那些过分追求完美的人，往往花大量时间和精力去构造完美，却没有时间做好自己该做的事情，最终只能落得空悲切。

过分追求完美往往会得不偿失

有一个渔夫去大海里捕鱼，网撒下去后，捞到了一颗很大的珍珠。渔夫心里很喜欢，他把珍珠拿在手里，翻来覆去地看。然而，令人遗憾的是，珍珠上面有一个小黑点。渔夫想，如果能把这个小黑点去掉的话，这颗珍珠将成为无价之宝。于是，他把珍珠去掉了一层，但是黑点仍在。再剥一层，黑点依然在。最后，黑点没有了，但珍珠也消失了。

在生活中，很多人就像故事里的渔夫一样，为了追求所谓的"完美"，而将自己手里的那颗"大珍珠"也弄丢了。在时间管理上，要懂得见好就收，这样才会拥有快乐，拥有美好的心情。

女演员佩吉·阿什克罗夫特有一次告诉导演诺里断·霍顿，她从自己本身的经验以及和一些好演员如吉尔古德与奥利维尔合作后发现："有些伟大的角色……没有人有办法从头到尾全力演出，一个演员只能期望他常常有能力达到巅峰状态。"博比·琼斯也有相同的结论，他是唯一一个赢得高尔夫大满贯的高尔夫球员，包括美国业余赛、美国公开赛、英国公开赛及英国业余赛。

他说："我一直到学会调适自己的野心后才真正开始赢球。也就是对每一杆有合理的期望，力求表现得良好、稳定，而不是寄望有一连串漂亮挥杆的成就。"

博比·琼斯的领悟可谓是来之不易，他必须与想要强迫自己超越自身能力的欲望苦战。在高尔夫球员生涯的早期，他总是力求挥杆完美。当他做不到时，他就会打断球杆、破口大骂，甚至会离开球场。这种脾气使得很多球员不愿意和他一起打球。后来他终于了解，一旦打坏了一杆，这一杆就算完了，然而你必须尽力去打好下一杆。

人生是一个复杂的过程，不可能事事都如你所愿，更不可能事事都做得完美。追求完美固然是一种积极的人生态度，但如果过分追求完美，而又达不到完美，就必然会产生浮躁心理。过分追求完美不但得不偿失，反而会失去更重要的东西。伟大的科学家爱因斯坦也并不完美，他并不注重外表，平常的衣着也很朴素，就像他的为人一样，而且他的记忆力也不是很好。

不刻意追求完美，并非说完美是永远不能追求的。在有些场合，完美还是值得追求的。比如，一个编辑要力求一本书不出一个错字，一个司机要力求不出一次事故。

一个男人来到一家婚姻介绍所，进了大门之后，前面出现两扇小门，一扇门上写着"美丽的"，另一扇门上写着"不太美丽的"，男人推开了"美丽"的门；迎面又现两扇门，一扇门上写着"年轻的"，另一扇门上写着"不太年轻的"，男人推开了"年轻"的门；迎面又现两扇门，一扇门上写着"温柔善良的"，另一扇门上写着"不太温柔善良的"，男人推开了"温柔善良"的门；迎面又现两扇门，一扇门上写着"有钱的"，另一扇门上写着"不太有钱的"，男人推开了"有钱"的门。就这样，一路上男人推开了美丽、年轻、温柔善良、有钱、忠诚、勤劳、文化程度高、健康、有幽默感九道门。当他推开最后一扇门时门上写着：你过分追求完美。此时，他已经走到了婚姻介绍所的后门。

由此可见，完美永远找不到，有人曾说："你可能会找到美好的花朵，但你无法找到完美无缺的美丽。当我们抛开完美的幻想，收获的可能是埋藏在平凡和朴实中的幸福，或是成功。"

金无足赤，人无完人

在这个世界上，并不存在所谓十全十美的东西，寻找完美只是在寻找一种感觉，甚至是错觉。可以说，追求完美是人在成长过程中的一种内在的心理特征。从表面上来看，这并没有什么不妥之处。假如人只满足于现状，而失去了这种追求，那么人就不会进步。我们对事物总要求尽善尽美，愿意付出很大的精力去把它做得天衣无缝。

可是，时间一长，就会不自觉地出现这样一种现象：如果一件事情没有做到自己满意的地步，那么必定是吃不好，也睡不好，总觉得心里有个疙瘩，很不舒服。什么事情都会有个度，就像水低于 0℃ 就会结冰，到了 100℃ 就会沸腾一样，追求完美超过了一定的度，过犹不及反而难以达到完美。无论何事何物，无论何时何地，都要适可而止，如果不达到想象中的彻底完美誓不罢休，那就是在和自己较劲了，长此下去，心里就有可能系上解不开的疙瘩，并且这疙瘩会系得越来越大，会系得越来越死。我们常说的心结，往往就是这样不知不觉出现的。这是因为我们的心理像是一根树枝，即使再坚硬，也会渐渐承受不了越来越沉重的负担。

追求完美是一句诱人的口号，也是一个美丽的陷阱，我们陷进这泥塘当中，却以为是柔软的温床。我们就是这样跌进完美自身所造成的误区里，最初这误区伪装成美好的面貌引人进入，刚开始你的状态良好，但日后逐渐被虚荣、逞强的状态吞噬，心理上渐渐地磨出了老茧，而自己却浑然不知。

有个圆环被切掉了一块，它为了使自己变回之前完整的圆，于是它开始到处寻找缺失的那一块，但由于有个缺口，它的行动总是变得缓慢和艰难，于是它开始和路边的野花、小草、蜜蜂、蝴蝶、雨花石聊天，慢慢地跟它们变成了很好的朋友，圆环也沉浸在友谊的快乐和满足当中。

突然有一天，它在一个陌生的地方发现了自己缺失的那一块，于是它兴奋地给自己拼装起来，结果它又恢复了之前一个完整的圆，于是它开始转动，因为完整了，它转动得很快，像风一样，以致无暇跟小草、野花、蝴蝶等聊天，当它发现飞快地转动使它的生活无法像以前那样快乐时，它停住了，把那刚拼装的一小部分又放回了路边，它开始慢慢地向前滚去。

金无足赤，人无完人。给自己留些遗憾，反倒更容易令人清醒，激励人前进。

追求完美是一种疾病，一种强迫症。这些人无论做什么事，都谨小慎微，往往重视细节而忽略全局。这些人总是对人对己要求极严，希望事事都做到最佳。老在"点"上费劲，却忽略了"面"的存在。这种类型的人也往往很少有自由悠闲的心境，缺乏随遇而安的潇洒，长期处于紧张和焦虑状态。

在现在这个纷乱复杂的社会，如何有效地避免追求完美而产生的不利影响呢？

首先，找到问题的根源。只有找到问题的根源了，问题才好解决。许多追求完美者问题的根源就是：无论做什么事情都喜欢吹毛求疵，过于追求所谓的最完美境界。为了跨越到理想中的100%，而最终付出比出正常标准很多倍的时间、精力。但是我们都知道，事情到最后最难获得，和前面根本不成比例，是得不偿失的，所以我们实在没有必要刻意地去强求它。

其次，做事情有规律。能够坚持自己正常的学习和工作，想办法把自己的生活节奏安排得井然有序。与此同时，着重培养自己的业余爱好，争取让自己有广泛的兴趣爱好，通过社交及文体活动，分散和转移对完美的关注。

最后，能够有一颗平常心。既然这个世界上没有完美，就不要执着于追求所谓的完美了。无论何时，无论何事，都保持一颗平常心。这样，我们就能做一个务实的人，而不是一个爱幻想的完美主义者了。

第四节　发掘躲在角落里的时间

只要把自己的一些空闲时间充分地利用起来，它们就会成为人生中一笔非常宝贵的财富。

发掘空间里的时间

在生活中，许多人都不注重零星时间，导致它们常常在无意间溜走。然而实际上这些时间集合起来也是一笔巨大的财富，只要充分利用它们，你就可以赢得在各项工作之间喘息的机会，收到一些意想不到的效果。

1.培养个人爱好

可以试着寻找自己感兴趣的事情，并把它作为自己的个人爱好，有时间的时候就去玩一玩，放松一下，这样也有益于身心健康。

2.多读读书，或者参加培训，给自己充电

书中自有黄金屋，书中自有颜如玉。与其每天无所事事，倒不如抽点时间读读书，这样不仅可以开阔自己的眼界，陶冶自己的情操，也能学会许多自己原本不知道的知识。现如今竞争愈来愈激烈，许多人都感觉到自己知识和技能的匮乏，利用空闲时间给自己充充电，报个培训班，学些专业知识，是一个不错的选择。

3. 记日记

记日记是一个古老的习惯，能够让人对自己这一天的事情做个总结，日后回忆起来，这也是一份难得的纪念。能够坚持下来的人，大多有顽强的毅力，这样的人，就算是做其他事情，也很容易成功。

4. 做志愿者

现在有许多公益组织会招纳各行各业的志愿者，如果你有时间，就加入它们。用自己的时间和经验回馈社会、奉献社会，去帮助更多需要帮助的人。

5. 定期做体检

现代生活压力大，生活节奏过快，大多数人的身体都呈亚健康趋势。所以，定期为自己做个体检，能够让自己的身体保持健康。

6. 种些花草

找一个小花盆，自己种一盆花。或者直接买栽好的花，你可以在空余时间照料它，等它开花的时候，你就能感受到自己多么有成就感。

总之，我们需要把自己的空闲时间充分地利用起来，它们就会成为人生中一笔非常宝贵的财富。爱因斯坦就是个很珍惜时间的人，他不喜欢参加社交活动与宴会，他曾讽刺地说："这是把时间喂给动物园。"他集中精神专心地钻研，他不希望把宝贵的时间消耗在无意义的社交谈话上。他也不想听那些奉承和赞扬的话。他认为："一个以伟大的创造性观念造福于全世界的人，不需要后人来赞扬。他的成就本身就已经给了他一个更高的报答。"

1929 年 3 月，为了躲避 50 寿辰的庆祝活动，爱因斯坦在生日前几天，就秘密跑到柏林近郊的一个花匠的农舍里隐居起来。

在现实生活中，许多人浪费了大量的空闲时间。而到了关键时刻，他们就会后悔自己浪费了时间，没有在不忙的时候事先做好准备，而不得不在紧张的情况下去面对那些十分尴尬的局面。当前社会上不少人的狂躁很大程度上就是由这些细节引起的。所以，我们不妨养成居安思危的好习惯，在有空闲时间的时候把握好它，而不是到了没时间的时候再去后悔。

利用空闲时间

比如说，每天我们需要上班、下班，而这期间通常有很多空闲时间，我们是否应该合理利用起这段时间呢？又该如何利用呢？

有很多人首先会想到看书，但是，在车开动的情况下，看书、看报对眼睛都特别不好，在嘈杂拥挤的公交或者地铁上，更是如此，不宜看书读报。其实有另一种方式可以替代，我们可以用这个时间来听外语或者相关的培训教程。

在排队的时候，我们不妨安排这些事情：如果有业务需要及时联系和沟通，我们可以用这几分钟的时间联系一桩小业务；也可以用这段时间来清理一下自己的生活和工作，让自己明白当下最需要干什么；我们还可以用这个时间来听一段英语，或者回忆一些零碎的东西；实在没有这些可做，我们也不妨联系一下多时没有联系的朋友。总之，这些时间是我们可以利用起来的，并且一旦我们把这些时间利用起来了，也就不会觉得排队是一件很烦心的事情，这样等待的时候就会变得心情平和。

工作中如此，学习中同样如此。假如我们平时能够有效地利用空闲时间，学习效率和学习效果就会得到显著的提升。

一般来说，学习效率最高的空闲时间是睡前、起床后、上班前的半小时。这样说是有根据的：在记忆的过程中，先摄入大脑的内容会对后来的信息产生干扰，使大脑对后接触的信息印象不深，容易遗忘，叫前摄抑制；后摄抑制恰好与前摄抑制相反，因为接受了新内容而把前面看过的忘了，使新信息干扰旧信息。

在睡觉前的一段时间和醒来后的一段时间，这是头脑中两个理想的记忆时段。在睡前的这段时间里，可用来复习白天学过的内容，对于当天接触过的信息，根据艾滨浩斯遗忘规律的叙述，我们简单地回顾一下，就可以保持34%的记忆，所以这个时候稍加复习便可恢复记忆，更由于不受后摄抑制的影响，识记材料易储存，可以由短时记忆转入长期记忆。

另外，根据研究数据表明，睡眠过程中记忆并不是处于停止状态的，这个时期内，大脑会对刚接受的信息进行归纳、整理、编码、储存。所以说，睡前的这段时间对记忆知识而言十分宝贵。

上班前的半小时，常常是大脑在整个上午最清醒的时间，如果能够合理利用这半个小时复习一下前面学过的内容，会让你的记忆更加牢固。不仅如此，这个时间段也是干扰相对较少的时间，有利于集中精力学习和记忆。

下面谈谈利用这三段空闲时间学习的具体方法。

1. 利用洗漱时间

我们在早晚的洗漱时间一般都很固定，为了达到理想的学习效果，这个时间段一定要充分利用起来。比如可以播放音频资料，尽管时间不长，如果能够做到每天坚持下来，也会收到十分明显的成效。

2. 阅读相关书籍

我们不妨养成这样的习惯，在床前和办公桌上放几本相关书籍，这样一来每天睡前、起床前或者上班前的几分钟，翻阅几页，坚持下来，你就会慢慢成为一个领域的资深专家。

如果你有早上朗读的条件，不妨试试每天早上朗读10分钟，当然如果能读更长的时间会更好。特别在清晨的时候，朗读有助于增加注意力。在朗读的过程中，你不用去考虑是否能记住，大声朗读材料能增强自信心，并能加深你的记忆力。值得一提的是，一天之中早上的朗读效果是最好的。坚持一年，你就会感到自己在发言的时候可以张口就说，引经据典，让人刮目相看。

3.利用思维导图来加深记忆

我们可以把需要记忆的资料做一个思维导图，填充上不同的颜色，并在分支上配上合适的图片。在晚上睡觉之前，详细地观看自己做的思维导图，闭上眼睛试试看，是否能在头脑里重新呈现这张思维导图，看看自己能记住多少，然后睁开眼睛再重新对照一下，看看哪些是自己没有记住的部分，再不断重复这个过程，长此以往，你就会收到非常理想的学习效果。

第五节　学会控制时间节奏

过分的忙碌会让人产生焦躁和抑郁心理，让自己的心态失衡。我们要控制好自己的时间，学会适当地休息，而并不是要一味地拼命，一味地劳碌。

管控自己的时间节奏

曾经引起微软和Google两大公司争抢的著名华裔人才李开复博士，在他上大学期间，曾经因为痴迷于程序设计，在老师同学间很有名声。巧合的是，该大学的法学院院长想要为院里的成绩查询系统设计一套新的软件，以和旧的系统接轨。原本院长是打算托学校外的设计公司执行，可听学校师生都在说，李开复是个程序设计的高手，于是就聘请他当工读生，并支付给他相当高额的暑假工读费。

李开复知道这个消息之后非常高兴，他想，这样简单的问题根本难不倒自己。于是他满口答应："放心吧，我八月初就可以大致做好，能够运行了，到了九月份开学，一定可以正常使用。"

不过由于他过分自信，认为此事相当简单，并没有花太多心思在软件的设计上，先是和同学们玩了 3 个礼拜的桥牌。直到他开始工作后，才发现事情并没有他想象中简单，有许多烦琐的东西需要处理。

后来，院长问他做到哪里了。他又改口道："8 月底可以大致弄好，应该不会妨碍开学以后系统的使用。"

几次询问之后，院长发现李开复前期进度很慢，大为恼火，并且在心里暗自后悔自己根本不该把这么重要的事交给一个学生，就让他不要再做了，马上请校外的公司接手做这件事。

李开复心里很是懊悔，也很伤心，马上向了院长认错，并且把已经收到的工读费退还给院长。

院长没有收回费用，只是告诫他，希望他从此事得到教训。

可以说，这件事是李开复学生时代的一个很大转折，从此以后，他做事情都能够掌握好自己的时间节奏，按部就班，一步一个脚印，终于成为了一个踏实又敬业的成功者。

通过这个故事可以看出，时间节奏的管控是非常重要的。在我们的生活和工作中，有许多自由工作者最有感受：如果你接到一份兼职工作，一开始进度就慢了下来，那对方是绝对不会对你产生信心的，他只担心自己的信任是否被辜负了。假如你能够跟他报告自己的进度，并且进展很快的话，那么他就会对你另眼相看。如果等到他催你时，也就表示他已经对你不再信任了。

时间常常会在漫不经意间被我们无情地挥霍。在很多时候，我们常常以为自己在合理利用时间，但实际上却并不是这样。我们常常因为缺乏时间而备感折磨。平时，我们总是匆匆忙忙地奔走于写字楼，奔走于公交地铁之中，原本以为这是节约时间，可这些缺乏目的的匆忙，往往是浪费时间的根源之一。

即便你辛苦工作了一天，如果此时有人找你谈事情，你是否也不懂得拒绝，害怕别人说你自私或假清高，为了不让别人为难，你只有为难自己了，你总是在为别人服务，把时间都花在倾听或者安慰别人上。即便是你被别人的请求压弯了自己的腰，你也觉得很自豪，不断被别人包围着。其实，这种热心反而让你自己处在情感的真空状态。

为什么你不能先考虑一下自己的生活也需要处理呢？这并不是要鼓励你只管自己，不管别人。而是对于某些事情，要学会拒绝。这样不仅能帮你找回自己的时间，还可以尽情享受那些本该属于自己的时间。只有把自己照顾好的人，才会照顾别人，难道不是吗？你总觉得时间不够用，那是因为你浪费太多时间在一些与你并没有多大关系的事情上，虽然你意识到自己还是有很多事情要做，只不过不会说"不"的你，让自己疲惫不堪。试想一下，如果你把自己的时间安排妥当，能够让自己在匆忙的生活节奏中停下来休息一下，然后再去想如何帮助别人，不要担心你会因此失去朋友，毕竟只有你自己的生活处理得更好，你的朋友才会更加愉快地与你相处。

不要把事情拖到最后一刻才办

控制不好自己的时间节奏，常见的一个问题就是：总是把事情拖到最后一刻才办。

有些人，总是喜欢把手头的工作拖到最后一刻，又或者是自己还没有做完一件事情，就又开始着手去做另外一件事情。这其中的原因，或许是他们害怕事情当中的困难，不知道如何解决，而他们总是相信并盼望最后一刻肯定会"车到山前必有路"，"船到桥头自然直"；或许是他们感觉这次时间不够，如果有更多的时间，他们应该能把事情做到更好；或许是他们觉得自己还有时间，所以不经意地拖拉；或许他们是不想让人失望，总是把事情往后推，试图寻找一个更好的处理办法。总之，可能会有种种奇怪的想法导致拖延。如果总是把事情拖到最后才做，让自己变得狼狈不堪，反而会把事情搞砸。

其实，不管是因为什么原因，这都是缺乏自信的表现。你害怕事情做不好，所以总是想寻找更多的借口来为自己辩白，来证明自己还是成功的。你害怕受到别人的批评和责问，因此总是谨慎地不敢开始行动，而是以一种逃避的态度来一拖再拖。但这其中的根源是你没有把控好自己的时间节奏，因为你不知道什么时候开始，什么时候结束，什么时间该做什么事，所以才会感觉无所适从。所以，你应该在做任何一件事之前，尝试找到一些"我能"的自信感觉。你最好抽时间好好估算一下完成目标需要多少时间，并且努力坚持下去，列出你的时间表和工作的阶段。当你完成一个阶段的工作时，就想办法让自己放松一下，去逛逛街或者找个地方玩一下，庆祝一番，然后再继续投入到工作当中去。

事实上，如果你需要30天做完一件事情，而你提前五天把事情做完，你会感到更加轻松。相反，如果你把事情拖拉到最后一刻，而在这之前你又是否真是轻松吗？我们往往把事情拖拉到最后关头，才发现原来前面的时间都被浪费了。

忙碌并不代表自己能够成功

当你忙得不可开交的时候，那种紧密的时间节奏会让你觉得非常累，非常疲惫，甚至有可能会让你感觉到空虚。如果你觉得自己在此时是充实的，那也是一种不自信的表现。这种不自信并不是你十分热爱忙碌而紧张的工作和生活，而是你害怕自己被别人看不起，你担心失去一份很好的工作，或者企图逃避某些事情，以拼命工作来掩饰自己内心的慌张。你甚至认为只有在忙碌中，你才会过得充实，才是一种成功。假如你并没有感到很充实，甚至你感觉自己的生活很糟糕，并对于忙碌的状态有所怨言，这证明你并不缺乏自信，而是需要学习一下如何安排自己的时间了。

事实上，总是让自己处在过度忙碌的状态下，会把自己弄得筋疲力尽，对自己的个人健康也有很大影响。而这种过分的忙碌会让人变得焦躁和抑郁，让自己的心态失衡。在这个时候，我们就需要把自己的节奏放慢，让自己放松下来，只有这样，我们才会慢慢体会到生活的乐趣。

我们一定要明白一个道理：任何一个人的成功与否与他工作的忙碌程度是没有任何直接关系的。忙碌并不代表自己能够成功。我们需要不断地努力和阶段性地完成自己的梦想，学会控制好自己的时间，学会适当地休息，而并不是要一味地拼命、一味地劳碌。我们一天的生命就只有 24 小时，一年就只有 365 天。真正的成功是能够在有限的时间内完成我们最想要做的事情，而不是让所有的事情都无序地填满我们所有的时间。这样只是在浪费时间，也浪费了我们自己。所以，试着控制好自己的生活节奏、时间节奏，那么你就会找到久违的快乐。

第六节　有策略地追赶时间

任何一件事情，如果渴望在瞬间就能够做得很好，都要付出代价，想要获得"爆发性"的成功，有时我们必须"夜以继日"。

不要"被时间追赶"

在这个世界上，有许多喜欢拖沓的人，这些人生性有些懒散，大多天生喜欢那种"被时间追赶"的感觉。

谁喜欢被时间追赶呢？在生活中还真不乏这样的人，他们大多很聪明，但所做的事情却往往令人不敢恭维。就比如说，他们可能会在根本不可能赶上班机的时间才来到机场，却发现班机晚三十分钟起飞，他还是搭上了，这种"峰回路转"的感觉足以让他热血沸腾，兴奋不已，觉得自己"赚到了"。

李燕是商学院的一名研究生,她曾碰到过这样一位"天才同学"。这位同学写论文与一般写作不同,他的方法也与众不同。李燕与其他同学都采取"笨鸟先飞"的方法,比这位"天才同学"早3个月开始筹划论文。当他们大致完成初稿,写了将近100页,离论文审查只剩一个月的时候,这位"天才同学"才完成两页大纲。

看着他不慌不忙的态度,教授和其他同学都比他还着急。

不过,后来他急起直追,那一个月时间,他竟然拿了睡袋睡在自己的办公室里,白天工作,晚上写论文,就这样把论文在最后一天的最后一刻写完了。或许有人会质疑他"临阵磨枪,不亮也光"的策略,但不得不承认,他的论文非常精彩,最后拿到的分数竟与李燕她们这一群先飞的"笨鸟"相差无几。

论文审查结束的那一天,这位"天才同学"感慨地说:"我好辛苦,我每天睡不到两小时,可是我好喜欢这种蜡烛急速燃烧的感觉,真是一种享受,太刺激了。"

同学们对他开玩笑说:"还好你年轻,身体也好,不必担心过劳死的问题。"

这种人具有"赛车手"的性格,天资也绝对聪颖,很让人佩服。他们会故意在短时间完成艰难的挑战,以证明自己的"冲刺力"。

不过,这样做是有副作用的。他的新婚妻子对他一整个月都没回家这件事很不开心,他的母亲也认为本来很孝顺的儿子最近疏于问安,跟他闹脾气。在此之后,他要面对的又是如何摆平家庭问题。

这一连串的问题下来,这位"天才同学"被搞得疲惫不堪,苦不堪言。

当然,拼尽全力去冲刺某一件事情也是人生美好的经验。然而,通常一个成年人都没有"无暇他顾"的时候，我们要兼顾的事情太多了。有许多自由职业者，尤其是一些兼职文字编辑们，他们在还处于"接稿维生"的写手时代，也常常会很享受这种"在单位时间内将潜力发挥到淋漓尽致"的感觉。

李维曾做过一段时间的兼职写手。有一次，他与一个出版商取得了联系，答应这个出版商在一个星期内完成一本小说。他在内心大概估算了一下，只要自己每天能完成九千字，这本书就能在约定时间内完成。可谁知道，当时有许多事情让李维分不开神。他当时的本职工作是在一家报社做记者，做写手只是兼职的。

恰巧在那段时间，社里有许多事情，常常需要他去出差。万般无奈之下，李维只好把稿子带到飞机上去写。

在出差途中，很不巧的是，李维订到一班很像公交车的飞机，这架飞机居然在到达目的地之前，要降落5次。当日不断碰到乱流，大家上上下下吐得七荤八素时，李维还是很镇定地写着自己的稿子，遨游在想象的世界里。

这是他最想吐也最刺激的一次写作经验。当他回来的时候，稿子也基本完成了。尽管这次如期交稿了，但李维一直对自己"坚此百忍"的精神沾沾自喜。当然，副作用随后跟到：李维得了肌腱炎，医生告诉他，他的手腕长了关节囊肿，必须开刀。

由于长期在短时间内疯狂赶稿，25 岁就有了"五十肩"的症状，一直困扰李维到现在。第一次照 X 光时，医生还很惊讶地说："你是怎么把颈椎弄得这么左偏呢？"当然是因为写太久了太劳累、坐姿越来越不正确的缘故。

一直到现在，经过无数中西医治疗，虽然病情稍有改观，可是李维的颈椎还是左歪的，风雨来时隐隐作痛。

任何一件事情，如果渴望在瞬间就能够做得很好，都要付出代价，

想要获得"爆发性"的成功，有时我们必须"夜以继日"。但如果想要活得久，而且获得稳定性的成长，那就千万别当拼命三郎。

最重要的一点，就是要学会分阶段地来把任务完成，在学习语言和累积实力上，这是很重要的。每天走一点点，总有一天，你会发现，曾经被你视为艰难挑战的高峰，也只不过是你生命里头的小山丘。

追赶时间也要有策略

一条猎狗将兔子赶出了窝，一直追赶它，追了很久仍没有捉到。

牧羊人看到此种情景，嘲笑猎狗说："你们两个之间小的反而跑得快得多。"猎狗回答说："你不知道我们两个的跑是完全不同的！我仅仅为了一顿饭而跑，他却是为了性命而跑呀！"

这话被猎人听到了，猎人想："猎狗说得对啊，如果我想得到更多的猎物，得想个好法子。"于是，猎人又买来几条猎狗，并且规定说，凡是能够在打猎中捉到兔子的，就可以得到几根骨头，捉不到的就没有饭吃。这一招非常有用，猎狗们纷纷去努力追兔子，因为谁都不愿意看着别人有骨头吃，自己没得吃。

就这样过了一段时间，问题又出现了。

大兔子非常难捉到，小兔子好捉，但捉到大兔子得到的奖赏和捉到小兔子得到的骨头差不多，猎狗们善于观察并发现了这个窍门，专门去捉小兔子。慢慢地，大家都发现了这个窍门。猎人对猎狗说："最近你们捉的兔子越来越小了，为什么？"猎狗们说："反正没有什么大的区别，为什么费那么大的劲去捉那些大的呢？"

猎人经过思考后，决定不将分得骨头的数量与是否捉到兔子挂钩，而是采用每过一段时间，就统计一次猎狗捉到兔子的总重量。按照重量来评价猎狗，决定一段时间内的待遇。于是猎狗们捉到兔子的数量和重量都增加了。猎人很开心。但是过了一段时间，猎人发现，猎狗们捉兔子的数量又少了，而且越有经验的猎狗，捉兔子的数量下降得就越厉害。于是猎人又去问猎狗。猎狗说："我们把最好的时间都奉献给了您，主人，可是我们随着时间的推移会老，当我们捉不到兔子的时候，您还会给我们骨头吃吗？"

于是，猎人又做了论功行赏的决定。分析与汇总了所有猎狗捉到兔子的数量与重量，规定如果捉到的兔子超过了一定的数量后，即便捉不到兔子，每顿饭也可以得到一定数量的骨头。猎狗们都很高兴，大家都努力去达到猎人规定的数量。一段时间之后，终于有一些猎狗达到了猎人规定的数量。其中有一只猎狗说："我们这么努力，只得到几根骨头，而我们捉的猎物远远超过了这几根骨头。为什么我们不能给自己捉兔子呢？"于是，有些猎狗离开了猎人，自己捉兔子去了。

猎人意识到猎狗正在流失，而那些流失的猎狗像野狗一般和自己的猎狗抢兔子。情况变得越来越糟，为了解决，猎人不得已引诱了一条野狗，问它到底野狗比猎狗强在哪里。野狗说："猎狗吃的是骨头，吐出来的是肉啊！"接着又说，"也不是所有的野狗都顿顿有肉吃，大部分最后骨头都没的舔！不然也不至于被你诱惑。"

于是猎人进行了改革，让每条猎狗除基本骨头外，可获得其所猎兔肉总量的 $n\%$，而且随着服务时间加长，贡献变大，这个比例还可递增，并有权分享猎人总兔肉的 $m\%$。就这样，猎狗们与猎人一起努力，将野狗们逼得叫苦连天，纷纷强烈要求重归猎狗队伍。

日子一天一天地过去，冬天到了，兔子越来越少，猎人们的收成也一天不如一天。那些服务时间长的老猎狗们老得捉不到兔子，可仍然在无忧无虑地享受着那些它们自以为是应得的大份食物。终于有一天，猎人再也不能忍受，把它们扫地出门，因为他们更需要身强力壮的猎狗。

　　被扫地出门的老猎狗得了一笔丰厚的赔偿金，于是它们成立了一家公司。它们采用连锁加盟的方式招募野狗，向野狗们传授猎兔的技巧，它们从猎得的兔子中抽取一部分作为管理费。当赔偿金几乎全部用于广告之后，它们终于有了足够多的野狗加盟。公司开始赢利。一年后，它们收购了猎人的家当。

　　由此可见，懂得追赶飞快的时间，并懂得经营的策略的人是往往更容易成功的。

第 7 章

别人不是你的镜子——突破力

每个人的生活都有属于自己的精彩之处，而我们完全没有必要去盲目地羡慕、追随别人。只要做好自己，过得快乐就可以了。盲目追随别人的脚步只会过得很累。

第一节　盲目追随是禁锢自己的根源

做人最可贵的事情莫过于坚持自己的看法，而不是盲目从众，以致在别人的观点里迷失了自己的人生之路。

坚持自己的立场

美国著名女演员索尼亚·斯米茨的童年是在加拿大渥太华郊外的一个奶牛场里度过的。

那个时候，她在农场附近的一所小学里读书。有一天，她回家后很委屈地哭了，父亲问她原因。她断断续续地说："班里一个女生说我长得很丑，还说我跑步的姿势很难看。"

父亲听后，只是微笑，忽然他说："我能摸得着咱家的天花板。"

正在哭泣的索尼亚听后觉得很惊奇，不知父亲想说什么，就反问："你说什么？"

父亲又重复了一遍："我能摸得着咱家的天花板。"

索尼亚忘记了哭泣，仰头看看天花板。将近4米高的天花板，父亲能摸得到，她很难相信。父亲笑笑，得意地说："不信吧，那你也不要相信那女孩的话，因为有些人说的并不是事实。"

索尼亚明白了，不能太在意别人说什么，要相信自己。她在二十四五岁的时候，已是个颇有名气的演员了。有一次，她要去参加一个集会，可是经纪人告诉她，由于天气不好，只有很少人参加这次集会，会场的气氛会比较冷淡。经纪人的意思是，索尼亚刚出名，应该把时间花在一些大型的活动上，以增加自身的名气。

索尼亚坚持要参加这个集会，毕竟她在报刊上承诺过要去参加，她说："我一定要信守诺言。"结果，那次在雨中的集会，正是因为有了索尼亚的参加，广场上的人越来越多，她的名气和人气因此骤升。

后来，她又自己做主，离开加拿大去美国发展，从而闻名全球。

自己拿主意，并不是一意孤行，孤芳自赏，而是要在内心深处忠于自己，相信自己，不轻易被别人的思想所左右。在生活中，人人都难免有从众心理，甚至有时候常常会为了顾及面子而依附于他人的思想和认知，从而失去独立的判断能力，处处受制于人。这真是一种莫大的悲哀，作为一个人，我们要有自己的主见，不可盲目地追随别人。

幸福就在自己心中

曾有一个小丑，一直很快乐地生活着，但渐渐地有些流言传到了他的耳朵里，说他被公认为是个极其愚蠢的、鄙俗的家伙。小丑窘住了，开始忧郁地想：怎样才能制止那些讨厌的流言呢？于是，他立刻把他的想法付诸实施。

他在街上碰见了一个熟人，那熟人夸奖起一位著名的色彩画家。

小丑立刻反驳道，"这位色彩画家早已经不行啦……您还不知道吗？我真没想到您会这样！"

那个熟人感到很吃惊，并立刻同意了小丑的说法。

一个熟人告诉他："今天我读完了一本非常好的书！"

小丑反驳道："这本书一点意思也没有，大家已经很久都不看这本书了。您还不知道吗？您是个落伍的人啦！"

于是，这个熟人也感到很吃惊，也同意了小丑的说法。

第三个熟人告诉小丑说："我的朋友杰克真是个非常好的人啊！他真正是个高尚的人！"

小丑反驳道："杰克明明是个下流的人。他侵占过所有亲戚的东西。您还不知道吗？您是个落伍的人啦。"

第三个熟人同样感到吃惊，也同意了小丑的说法，并且不再同杰克来往。总而言之，人们在小丑面前无论赞扬谁和赞扬什么，他都一个劲儿地驳斥。

只是有时候，他还以责备的口气补充说道："您至今还相信权威吗？"

他的熟人们开始谈论起小丑了："好一个坏心肠的人！好一个毒辣的家伙！不过，他的脑袋瓜多么不简单！"

另一些人又补充道："他的舌头也不简单！哦，他简直是个天才！"

最终，一家报纸的出版人请小丑到他那儿去主持一个评论专栏。于是，小丑开始批判一切事和一切人，一点也没有改变自己的手法和自己趾高气扬的神态。

现在，他——一个曾经大喊大叫反对过权威的人——自己也成了一个权威了，而年轻人正在崇拜他，而且害怕他。

有些人一定会说，这个小丑真是可怜，可怜得有点愚蠢。虽然这个故事有点夸张，但事实上，有时候，我们自己也有过类似这个小丑的行为。例如，在对一件事发表看法的时候，我们从来都是附和所谓"权威"人物的观点，而不敢大胆说出自己的想法。再比如，在为人处世的过程中，我们经常习惯按照别人的反应来决定，但绝对不是按照自己的意愿去决定。这是不自信的表现，同时也是虚荣心在作祟，此时此刻，我们已经成了上面故事中崇拜小丑的"俗人"，丧失了按照自己意愿生活的能力。

一位通晓做人的内在法则的人士非常明确地指出："当别人对你说，

'快看这儿！'或'快瞧那儿'的时候，请你不要盲目地追随他们，因为幸福就在你的心中。"其实，怎么会只是幸福呢，包括做人做事都是这样，我们不能在听了别人对自己的看法后，就依附他们的喜好来改变自己，我们要按照自己的个性生活，尽情地去绽放自己的美丽，而不是盲目地追随别人。

第二节　除了自己，没人能打败你

当你开始行动时，你就会了解真正支持你迈向成功之路的人，正是你自己。除了你自己，没有任何人可以使你沮丧消沉。

做自己最好的朋友

你是否曾经觉得自己就是自己最大的敌人？许多人都有这样的经验，不论做什么事，结果往往不能如愿。出了问题，也只好责怪自己。但是，正如你是自己最大的敌人一样，你也可能成为自己最好的朋友。当你了解到世间唯一能左右你成败的人就是你自己的时候，那么，你就能"化敌为友"，做自己最好的朋友。

当你具备了某种品德，能接纳自己，心变得成熟起来，你就会欣喜地发现你已经成为自己最好的朋友了。确定一个长远的目标，并着手培养自己的能力，修正自己的错误。

西方有句名言："一个人的思想决定他的为人。"这句话概括了人生的全部内容，道尽人间百态。人内心的想法可以通过其行为不折不扣地反映出来，所有思想都汇集在一起，便形成了其独特而丰富的人格。就好比没有种子的发芽就没有禾苗的茁壮成长一样，人们外在的言行举止都是由内心隐藏的思想种子萌芽而来——不管是自然行为，还是人类刻意为之，这一点都毫无例外。

如果说行为是思想绽放的花朵，那么快乐与痛苦就可以被看作是思想结下的果实。因此，收获快乐还是痛苦，全部取决于自己的思想。思想造就出个性，一念之间往往决定一生的命运。如果人心包藏歪念，痛苦就会接踵而至，犹如车轮一样碾过；如果心诚意正，快乐便如影相随，永远陪伴左右。

人类是自然造化的产物，并非依靠权谋投机取巧以获得成长。万物遵循因果循环思想亦如此。

高尚人格的形成不是凭借个人的爱好和机遇，而是纯正思想的自然结果，是长期心存正念的报偿。同样的道理，卑鄙蛮横的人格可以说是心怀不轨长久积累的后果。

有一个潦倒落魄的人，他非常想改变自己糟糕的处境，但是在工作上却偷奸耍滑，应付了事。他认为自己的薪金太少，所以在工作上偷懒是应该的。这样的人并不懂得改变处境的方法，他的懒惰、自欺欺人的想法，不仅无法摆脱贫穷，甚至还会使自己陷于更深的困苦之中。

这个故事说明：我们所处的环境是自己创造的。一些人一方面展望美好的人生目标，另一方面却不断抱怨自身的处境，将所有原因全部归咎于他人，因此失败的例子比比皆是。如果人们真正懂得思想的巨大作用，环境就不会成为失败的借口了。

对工作的态度一旦改变，工作的处境也会随之改变。增强信念，丰富自己的知识，让自己置身于更富有挑战性的环境中，就能获得更多的机会。一定要切记，什么事都要努力去做。千万不要以为可以脚踩两条船，就将所有的便宜占尽。因为这样做即便取得了成功，也必定是短暂的，很快就会失去所得到的一切。如同学生必须先掌握一门功课，才能接着学习下一门课程一样，在拥有你梦寐以求的丰硕成果之前，你需要先充分发挥你的能力。因为如果滥用、忽略或低估我们的能力，即便我们的天赋和能力再强，也会慢慢减弱，因为我们的所作所为不配拥有这样的能力。

多给自己一些积极的暗示

成功者与失败者之间的区别是：成功者始终用最积极的思考、最乐观的精神和最丰富的经验支配、控制自己的人生。失败者则刚好相反，他们的人生是受过去的种种失败和疑虑所引导和支配的。

有些人就是比其他的人更成功，拥有不错的工作、健康的身体、良好的人际关系，整天快快乐乐，拥有高品质的人生，仿佛他们的生活就是比别人过得好，而许多人终日忙忙碌碌地劳作却只能勉强维持生计。其实，人与人之间并没有多大的区别。成功与否的秘密就是人的"心态"。

积极的心态能够激发起我们自身的所有聪明才智，而消极的心态就好比是蜘蛛网缠住昆虫的翅膀、脚足一样，束缚我们才华的发挥。有一首诗对此有这样的描述：

如果你认为被击败了，

那你必定被击败。

如果你认为不敢，

那你必然不敢。

如果你不敢想胜利，

那么你肯定失去胜利。

如果你认为会失败，

那你已经失败。

有两位年近 70 岁的老太太，一位认为到了这个年纪已经是到了人生的尽头，于是便开始料理后事；另一位则认为一个人能做什么事不在于年龄的大小，而在于有什么样的想法。于是，她在 70 岁高龄之际开始学习登山，其中有一些还是世界上有名的山。她在 95 岁高龄时登上了日本的富士山，打破了攀登此山年龄最高的纪录。她就是著名的老年登山客胡达·克鲁斯。

70 岁开始学习登山，这绝对是一大奇迹，然而奇迹是人创造出来的。思考问题时的心态是成功人士的首要标志。如果一个人是个积极思维者，常常进行积极思维，喜欢接受挑战和应对麻烦事，那他就成功了一半。胡达·克鲁斯老太太的壮举恰恰验证了这一点。

有些人总喜欢说，是别人造成了他们现在的境况。实际上，并不全是周围环境造成的。说到底，如何看待人生、把握人生都是由我们自己决定的。

心态能使你成功，也能使你失败，不要因为心态而使你成为一个失败者。那些抱有积极心态并付诸行动的人更容易取得成功。正所谓心态决定人的命运。按照美国哈佛大学著名行为学家皮克斯在《心态影响人的一生》一书中的观点：随着环境的变化，人的心态自然地形成积极的和消极的两种。思想与任何一种心态结合，都会形成一种"磁性"的力量，这种力量能吸引其他类似的或相关的思想。

这种由心态诞生的思想就好像是一颗种子，当它培植在肥沃的土壤时会发芽、成长，并不断繁殖，直到原先那颗小小的种子变成数不尽的种子。这就是心态所产生的重大作用和影响。

乐观主义是到达成功之路的信心

开勒说："乐观主义，是到达成功之路的信心。不怀希望，无论什么事情都做不出来。"

金斯利说："在人生中，我所见到的最好的成功者往往是些快活而满怀希望的人们。他们在处理事务的时候面带微笑，接受人生的变故和机会，对于未来的甘苦，同样地对付着。"

突破为的就是争取更为合理的生存空间，而创新是为了区分与别人的不同。

　　一位个性内向害羞的年轻人暗恋一位女同事很久了，可是一直不敢表态。后来这位女同事因为兴趣问题，转换了一个新的行业，临走之前交给年轻人一封信。信里面只放了一张用笔戳破了一个洞的白纸。

　　年轻人看了这张白纸，很泄气地想："她是叫我看破，不必太认真。"

　　失恋的年轻人经过了一段痛苦煎熬的时光，才让自己的心情慢慢地平复下来。事隔两年之后，年轻人接到了女同事的电话，邀请他去参加自己的婚礼喜宴。在电话中女同事说："有一件事我想问你，你看过当年我留给你的信了吗？"年轻人叹口气回答："我看过了，你是要我看破。"谁知女同事听了气恼地说："你真够笨的，我是要你突破！"

做任何事情想要成功，首先要有积极进取的心态，心态没有调整好就不会有突破的动力。

我们都知道，大黄蜂体型很大，可是翅膀却很小，从流体力学的角度来看，大黄蜂是不应该会飞的。可奇怪的是，它还是照样飞了起来。科学家们解释说，可能是大黄蜂并不知道自己不能飞，这就如一个人的工作，没有人知道自己的工作前景会怎样，即便是一些毫不起眼的工作，也没有人会说是毫无必要的。而一个人的工作能力更是存在着巨大的潜力，连不可能飞的大黄蜂都飞得起来，就算干最普通的工作，只要充满乐观，坚持下去，总有一天会变得非常优秀和出色。问题是，你是否否定过自己？

大卫·威德福特曾说过："当我们面对挑战的时候，我们要寻找出路，而不是寻找退路。"

如果我们对工作缺少了热情，变得冷漠，就算失误也不想办法弥补，那么此时的工作对你而言已经变得毫无意义和价值了。

你认真思考过自己工作吗？工作态度是衡量一个员工是否热爱自己的工作的重要标准，如果一个员工连基本的工作态度——热爱本职工作、有责任心、积极主动、干事不拖拉都没有的话，他又如何能对本职工作尽职尽责呢？一位女企业家曾这样说过，她在招聘员工的时候，雇用与否取决于应征者的态度。对此她无奈地说："现在员工对待工作的态度已经大不如前了，工作刚开始就表现得非常糟糕，一来就先问在公司的发展机会，还有一年有几天年假、公司有什么福利等问题。"

当然，她说的并不能代表完全的真实，但是随着时代的发展，每个人对工作的要求都在不停地发生变化，她的话确实反映了工作态度对塑造优秀员工的重要性。

古时候，两个秀才进京赶考，途中遇见出殡的队伍。

甲秀才觉得晦气、倒霉，碰上这种不吉利的事情，肯定不是好兆头。乙秀才挺高兴，看见棺材就想，棺材——当官发财，象征他一定能考中。

后来，甲名落孙山，乙高中榜首。他们都觉得自己碰到的事情十分灵验。

两个人同做一件事，不同的心态却能产生不同的结果。不管面对什么事情，我们都要保持积极向上的乐观精神，方能笑傲人生。

第三节　充分展现完美的自己

对我们每个人来说,最重要的是发现自己的内在美,并把它表现出来。虽然你不见得会是另一个选美皇后,可是它能使你成为人生的赢家。

散发内在美

在选美竞赛上,众人瞩目的总是亮丽鲜艳的面孔、婀娜多姿的体态。外在美是选美的重要标准,但是也有人相信内在美的焕发才是选美最重要的条件,况且这样的理念也得到了证实,至少在美国小姐唐娜·亚松真身上,内在美获得了世人认同。

唐娜出生在阿肯色斯的一个小镇上,她的青春期就像大多数的青少年一样,生涩、害羞,对自己的将来感到很茫然。那个时候她想象自己是只丑小鸭,并不是选美皇后。可是唐娜有一些远比外在的美丽更要紧的特质,她的气质清新,风度稳健。她好比一块璞玉,稍加雕琢就能大放异彩。

于是,她决定要把自己的内在美表现出来,为了达到自己的目标,她去练健身,学习仪态,然后报名参加选美比赛。那一场比赛她没进入决赛,可是唐娜并没有因此而灰心,接着又参加了很多场比赛,直到参加过16场选美比赛之后,她终于当选为阿肯色斯小姐,然后又成为美国小姐。后来她带着那一份自然芬芳的内在美以及辛勤努力的工作踏入娱乐界,目前已成为一名出色的艺人,拥有自己的节目。

我们应该从这个故事中获取有用的信息，毕竟每个人都拥有同样芬芳的内在美。其实每个人都具有成为成功者的资格，也就是说，我们在起跑点上是一样的，至于起跑后的差距则是日积月累后发展出来的。虽然每个人都有获得成功的机会，但是，结果如何，完全要看个人的本事与表现了。

　　一般来说，我们认为成功者必定有其特殊的才能或高人一等的智商，其实不然。因为才能与成功之间并没有特别紧密的关系，爱迪生有句至理名言："天才是 99% 的努力和 1% 的灵感。"

超越平庸，选择完美

　　在很久很久以前，一位有钱人要出门远行，临行前他把仆人们叫到一起，将自己的财产委托给他们保管。依据他们每个人的能力，他给了第一个仆人 10 两银子，第二个仆人 5 两银子，第三个仆人 2 两银子。

　　拿到 10 两银子的仆人把它用于经商并且赚到了 10 两银子。同样，拿到 5 两银子的仆人也赚到了 5 两银子，但是拿到 2 两银子的仆人却把它埋在了土里。

　　很长一段时间过去了，他们的主人回来与他们结算。拿到 10 两银子的仆人带着另外 10 两银子来了。主人说："做得好！你是一个对很多事情充满自信的人。我会让你掌管更多的事情。现在就去享受你的奖赏吧。"

　　同样，拿到 5 两银子的仆人带着他另外的 5 两银子来了。主人说："做得好！你是一个对一些事情充满自信的人。我会让你掌管很多事情。现在就去享受你的奖赏吧。"

　　最后拿到 2 两银子的仆人来了，他说："主人，我知道你想成为一个强人，收获没有播种的土地，收割没有撒种的土地。我很害怕，于是把钱埋在了地下。"主人回答道："又懒又蠢的人，你既然知道我想收获没有播种的土地，收割没有撒种的土地，那么你就应该把钱存到银行家那里，以便我回来时能拿到我的那份利息，然后再把它给有 10 两银子的人。我要给那些已经拥有很多的人，使他们变得更富有；而对于那些一无所有的人，甚至他们有的也会被剥夺。"

这个仆人原以为自己会得到主人的赞赏，因为他没丢失主人给的那 2 两银子。在他看来，虽然没有使金钱增值，但也没丢失，就算是完成主人交代的任务了。然而他的主人却不这么认为。他不想让自己的仆人顺其自然，而是希望他们能主动些，变得更出色些。

不要满足于尚可的工作表现，要做最好的，你才能成为不可或缺的人物。人类永远不能做到完美无缺，但是在我们不断增强自己的力量和不断提升自己的时候，我们对自己要求的标准会越来越高。这是人类精神的永恒本性。

对于我们来说，顺其自然是平庸无奇的。为什么可以选择更好时我们总是选择平庸呢？为什么我们不可以超越平庸？

美国著名学者哈伯德说："不要总是说别人对你的期望值比你对自己的期望值高。假如哪个人在你所做的工作中找到失误，那你就不是完美的，你也无需去找借口。承认这并不是你的最佳程度。千万不要挺身而出去捍卫自己。当我们可以选择完美的时候，却为何偏偏选择平庸呢？我讨厌人们说那是因为天性使他们要求不太高。他们可能会说：'我的个性不同于你，我并没有你那么强的上进心，那不是我的天性。'"

超越平庸，选择完美。这是一句值得我们每个人一生追求的格言。有无数人因为养成了轻视工作、马马虎虎的习惯，以及敷衍了事的态度，导致一生处于社会底层，不能出人头地。

人类的历史充满了着由于疏忽、敷衍、畏难、偷懒、轻率而造成的可怕惨剧。曾几何时，在宾夕法尼亚的奥斯汀镇，就因为筑堤工程没有照着设计去筑石基，导致堤岸溃决，全镇都被淹没，无数人死于非命。类似这种因工作疏忽而引起的悲剧，在我们这片辽阔的土地上，随时都有可能发生。无论在什么地方，都有人犯敷衍、疏忽、偷懒的错误。假如每个人都能凭着良心做事，并且不怕困难，不半途而废，那么不但可以减少惨祸，而且可以使每个人的生活都更加幸福。

要获得成功的唯一方法，就是在做事的时候，抱着非做成不可的决心，抱着追求尽善尽美的态度。而世界上为人类创立新理想、新标准，扛着进步的大旗，为人类创造幸福的人，就是具有这样素质的人。无论做什么事，假如只是以做到"尚佳"为满意，或是做到半途便停止，那他绝不会成功。

有人曾经说过："轻率和疏忽所造成的祸患不相上下。"许多年轻人之所以失败，就是败在做事轻率这一点上。这些人对于自己的工作从来不会做到尽善尽美。大部分年轻人好像根本就不知道职位的晋升是建立在忠实履行日常工作职责的基础上的，只有尽职尽责地做好本职的工作，才能渐渐获得价值的提升。

反之，许多人在寻找自我发展的机会时常常这样问自己："做这种平凡乏味的工作，有什么希望呢？"可是，就是在极其平凡的职业和极其低微的位置上，往往蕴藏着巨大的机会。只有把自己的工作做得比别人更迅速，更正确，更完美，更专注，调动自己全部的智力，从旧事中找出新方法来，才能引起别人的注意，让自己有发挥本领的机会，进而满足心中的愿望。

爱因斯坦认为，成功者和失败者的分水岭在于：成功的人无论做什么，都力求达到最佳境地，丝毫不会放松；成功的人无论做什么职业，都不会轻率疏忽。

工作的质量往往会决定你生活的质量。在生活中，我们应该严格要求自己，能做到最好，就不能允许自己只做到次好；能完成百分之百，就不能只完成百分之九十九。不论结果如何，我们都应该保持这种良好的心态。

第四节 努力使自己变得无可替代

无论未来从事何种工作，一定要全力以赴、一丝不苟。能做到这一点，就不会为自己的前途担心。世界上到处是散漫粗心的人，那些善始善终者始终是供不应求的。

让自己无可替代

爱因斯坦说："不要努力成为一个成功者，要努力成为一个有价值的人。"

在职场上，如果你能找出更有创造力、更有效率、更经济的办事方法，你就能提升自己在老板心目中的地位。老板会邀请你参加公司的决策会议，你将会被调升到更高的职位，因为你已变成一位不可取代的重要人物。

一位成功学家曾聘用一名年轻女孩当助手，替他拆阅、分类信件，薪水与相关工作的人相同。有一天，这位成功学家口述了一句格言，要求她用打字机记录下来："请记住：你唯一的限制就是你自己脑海中所设立的那个限制。"

她将打好的文件交给老板，并且有所感悟地说："你的格言令我深受启发，对我的人生大有价值。"

这件事并未引起成功学家的注意，可是，却在女孩心中打上了深深的烙印。从那天起，她开始在晚饭后回到办公室继续工作，不计报酬地干一些并非自己分内的工作——比如替老板给读者回信。

她认真研究成功学家的语言风格，以至于这些回信和自己老板一样好，有时甚至更好。她一直坚持这样做，并不在意老板是否注意到自己的努力。终于有一天，成功学家的秘书因故辞职，在挑选合适人选的时候，老板自然而然地想到了这个女孩。

在没有得到这个职位之前已经身在其位了，这正是女孩获得提升最重要的原因。当下班的铃声响起之后，她依然坚守在自己的岗位上，在没有任何报酬承诺的情况下依然刻苦训练，最终让自己有资格接受更高的职位。

故事并没有结束。这位年轻女孩的能力如此优秀，引起了更多人的关注，其他公司纷纷提供更好的职位邀请她加盟。为了挽留她，成功学家多次提高她的薪水。这个女孩之所以如此出色，正是因为她不断提升自我价值，使自己变得不可替代了。

训练和培养更强烈的进取心

无论你目前从事哪一种工作，每天一定要为自己寻找一个机会，使你能在平常的工作范围之外，从事一些对其他人有价值的工作。在你主动提供这些帮助时，你应该了解，自己这样做的目的并非为了获得金钱上的报酬，而是为了训练和培养更强烈的进取心。

你必须先拥有这种精神，然后才能在你所选择的终身事业中，成为一名杰出的人物。

假如你被认定是一个积极、有重要贡献的人，你就会备受欢迎。自然而然的，同事们会重视你，顾客会欣赏你。如果你能保持这些优点，你的老板也会肯定、奖励你。尽管你不能一夕成功，却也绝无永远失败的顾虑。

优秀的人才总是为社会所需要。"适者生存"的法则并不是仅仅建立在残酷的优胜劣汰基础上，而是基于公平正义，是绝对公平原则的一部分。若非如此，社会又如何能取得进步？美德如何能发扬光大？那些思虑不周、懒惰的人与那些思虑缜密、勤奋的人相比有天壤之别，根本无法并驾齐驱。

有很多老板多年来费尽心机地寻找能够胜任工作的人。这些老板所从事的业务并不需要出众的技巧，而需要从业者做到谨慎、朝气蓬勃与尽职尽责。他们雇请了一个又一个员工，这些员工却因为粗心、懒惰、能力不足或没有做好分内之事而频繁遭到解雇。与此同时，社会上众多失业者却在抱怨现行的法律、社会福利以及命运对自己的不公。

太多的人无法培养自己一丝不苟的工作作风，根本原因就是在于贪图享受、好逸恶劳，背弃了将本职工作做得完美无缺的原则。

第五节　在心灵中保有一块净土

在生活中遇到困境时，你一定要心有所主，精神上要保持住一块"圣洁之地"，时时告诫自己，在此基础上积聚能量，努力摆脱困境，最终达到较好的生存状态。

心灵的净土让你健康成长

爱因斯坦说："每个人都有一定的理想，这种理想决定着他的努力和判断的方向。在这个意义上，我从来不把安逸和快乐看作是生活目的本身——这种伦理基础我叫它猪栏式的理想。照亮我的道路，并且不断地给我新的勇气去愉快地正视生活的理想，是善、美和真。"可见对于举世瞩目的他来说，在耀眼的浮华之下，心灵仍旧有一块净土。

成功者的经验表明，人生的结局是好是坏往往就在于能不能在困境中坚持一下，能否保持心灵的崇高与神圣。只要在心灵中还有一块"净土"，精神上还有对崇高的追求，这个人就有希望。

因为失去一点东西就捶胸顿足，因为得到一点东西就兴奋狂跳的人，这本身就是一种不健康的心理，这是只顾眼前利益，不重未来发展的表现。人的一生难免有低潮之时，有不尽如人意的阶段，甚至身陷恶劣环境中。此时此刻，你稍不留意，心神稍不稳住，便会沉沦下去，与周围的恶劣环境、卑鄙之人同流合污，那就等于是害了你自己的一生。

李某曾是个表现不错，也很有实力的地方官员，因政绩突出不断受到提拔。但在最近这几年，当他得知过去的同事、同学通过各种途径生活条件都比他好时，心里总不是滋味，想想自己能力比他们强，职位也比他们高，但是收入却没他们多。而且自己作为一局之长，责任比他们大，担子比他们重，工作也比他们辛苦，经济上却不如他们，他深感不平。于是心里就有了一定要超过他们的想法。他在任职期间开始大肆收受贿赂。他思想上警惕的闸门在不平衡心理的驱动之下终于倾斜了，欲望的洪水倾泻而下，一发而不可收，最终成了一名"死缓"囚犯。

由此可见，不平衡使得一部分人的心理自始至终处于一种极度不安的焦躁、矛盾与激愤之中，令他们满腹牢骚，不思进取，工作中得过且过，和尚撞钟，心思不专，更有甚者会铤而走险，玩火烧身，走上危险的钢丝绳。因此，我们必须要走出不平衡的心理误区，否则，就会在泥沼中越陷越深。

不以物喜，不以己悲

我们要保持心灵的平衡，"不以物喜，不以己悲"，这用在生活中同样是一剂灵丹妙药，这种心态的优势是专注于自己的事情，不因一时的得失而前功尽弃。

美国一个叫露西尔·布莱克的人在亚利桑那大学学风琴，同时在镇上一家语言障碍诊所工作，还在绿柳农场指导一个音乐欣赏班。平日里，露西尔就住在绿柳农场里，并经常在那里聚会、跳舞，在星光下骑马。然而，有天早上她因心脏病而倒下了。医师对她说："你得躺在床上一年，要绝对地静养。"但医师并没有保证说她还会像以前一样健康。在床上躺一年，这对露西尔意味着她将要成为一个无用的人——或许还会死掉！所以，一时间她感到毛骨悚然，既悲痛又感到愤恨不平，却还是照着医师的嘱咐躺在床上。

此时，她的邻居鲁道夫先生告诉她："你以为在床上躺一年是个不幸？比你不幸的人多了。现在，你有了时间去思考，去认识自己，心灵上的增长将大大多于以往。"

露西尔听了鲁道夫先生的教导以后，平静下来，她开始读些励志书籍，试着找出新的价值观。一天，她听到收音机传来评论员的声音："唯有心中想什么，才能做什么。"这种论调露西尔以前不知听过多少次，可是这一次却是让她有了深刻的感受，她改变了主意，开始只想些自己需要的东西：幸福、欢乐、健康。露西尔开始强迫自己每天一起床就为拥有的一切赞美感谢：没有痛苦、可爱的女儿、收音机里优美的音乐、有阅读的时间、丰富的食物、健康的视力、听力、好朋友……

过了一段时间，当医师告诉露西尔，可以在特定的时间让亲友来访时，她非常开心。几年时间过去了，露西尔的日子过得充实而有活力，她认为这一切都得感谢在床上的那一年。那是她在亚利桑那最有价值、最快乐的一年，原因很简单，就是因为她养成了每天清晨赞美感谢的习惯。

成功者的经验表明，人生的结局是好是坏，往往就在于能不能在困

境中坚持一下，能否保持心灵的崇高与神圣。只要我们在心灵中还有一块"净土"，在精神上还有对崇高的追求，一个人总是有希望的。

第六节　叩开情绪共鸣的大门

在日常生活中，我们通常会发现两个毫不相干的人也能坐在一起聊得津津有味。这种现象我们称之为"共鸣"。共鸣就像音乐的前奏曲，容易将对方的情绪先带入情境，然后再进入主题，这样，沟通起来就容易多了。

拉近与他人的距离

爱因斯坦小时候脾气不好，大约在他 10 岁之前，尤其喜欢一个人独处，思考一些自己感兴趣的东西，如果有人在他思考时打扰了他，他就会发雷霆之怒，脸色也变得发白。随着年龄的增长，爱因斯坦越发觉得自己总是有这样的情绪实在不好，于是有意识地改正，且大有改观。

到后来，即使有人在他思考时候无意间打扰了他，他也会和颜悦色，以积极的情绪对待，并不标榜自己是成就非凡的伟大科学家，因为他懂得，别人之所以"打扰"他，也是有原因的，一定是有什么需要他解决的事情，重点是沟通的双方将事情解决。这为他赢得了很好的声誉。

与人交往，特别是求人帮忙时，难免会遭人冷眼。在这种情况下，低逆境商的人会心怀怨恨，拂袖而去，看似一时很得意，结果往往会因小失大，耽误事情。然而，高逆境商的人遭到了这种冷遇，却能主动地研究对策，积极地站在对方的立场上考虑问题，采取巧妙的手段与对方拉近距离，取得认同，这样才能办好事情。

想要取得对方的认同，就必须弄明白对方冷遇你的原因，制造一种共鸣情景，让对方不知不觉间把你当成他（她）的朋友，这样，沟通起来就容易多了。在生活中，学习中，尤其是商业交往中，我们并不需要与对方认识一个月、两个月、一年或更长的时间，如果方法正确了，你完全可以在 5 分钟、10 分钟之内就与客户建立很强的共鸣。

美国有一位著名的行销顾问名叫诺曼·金克，他撰写了一本书《最初五分钟决定一切》，他在这本书里写道："与人沟通，只需要 5 分钟就够了。"意思就是说，双方刚开始接触的时候产生共鸣是最重要的，这个时候的所作所为往往能够决定后面的沟通是否顺利，是否成功。

找出能引起对方共鸣的事情

木村是日本某清酒公司营销部的副总经理，有一次，他们公司开发出一种新品牌的清酒，在扩大市场的过程中，遇到一个开了 10 家连锁饭店的潜在大客户西原。木村想把新的清酒介绍给这个客户，但是他多次去拜访西原，每一次都吃闭门羹：对方不是态度很冷淡，就是敷衍了事。

接连遭受这样的冷遇，木村并不气馁。有一天，他再度尝试去拜访西原。当他走进对方的办公室，还未来得及问候，西原就很生气地一拍桌子说："你怎么又来了，我不是告诉过你最近很忙，没有空吗？你怎么那么烦人，你赶快走吧，我没时间理你。"

如果一般人遇到这种情况，肯定会心里很不舒服地扭头就走，脾气不好的甚至与他争吵起来。不过，木村却与众不同，他马上想到的是情绪共鸣这四个字。他马上用和客户一样的语气说："西原君，你怎么搞的，我每次来，都发现你的情绪不好，到底为了什么事情烦心？不如我们坐下来谈谈。"

听到这里，西原转变了态度，也用类似的语气说："木村君，我最近实在是烦死了。为什么呢？你知道我是从事连锁餐饮行业的，我好不容易花了很多时间培养了 3 个分店经理，原本我今年下半年计划开 3 家分店，什么东西都准备好了，可没想到的是，上个月新培养的 3 个分店经理却都让竞争者以高薪给挖走了。"

木村听了拍着他的肩膀，说："西原君啊，你以为只有你才有这么烦心的人事问题吗？其实我也跟你一样啊。你看，我们最近不是有新的产品要上市吗？几个月以前，我好不容易用各种方法招来十几个新的行销人员，早晚加班培养他们，想尽快打开我们的市场。结果才 3 个多月的时间，十几个新的行销人员走得只剩下五六个了。"

在接下来的一段时间里，他们互相倾诉自己的烦恼，从现在员工是多么的难培养，到人才是多么的难找……两人很投机地讲了十几分钟。最后，木村站起来拍拍西原的肩膀，说："西原君，既然我们俩对于人事的问题都比较头痛，那么，咱们也先别谈这些烦心的事了。正好我车上带了一箱新的清酒，搬下来你先免费尝一尝，不管好喝不好喝，等我们过两个星期，两人人事问题都解决了以后，我再来拜访你。"西原听了之后，想了想就顺口说："好吧！那你就先搬下来再说吧。"搬下来后，两人挥手道别。

结果可想而知，西原成了木村的大客户。在整个谈话的过程中，木村从头到尾都没有向西原宣传他的产品，那他是怎么成功的呢？实际上，他花了大部分时间同西原建立共鸣，这样就很自然地达成了交易。

想要找出能引起对方共鸣的事情，其实可以从很多方面着手，比如个人的兴趣爱好、引以为荣的事情、与自身利益有关的事、十分缺乏的东西、同乡同学情谊……一旦有了共鸣，彼此就会降低防备心，事情自然就好办了。